Black Tourmaline

ブラックトルマリン

Phenakite
フェナカイト

Kunzite

クンツァイト

Amethyst

アメジスト

Aquamarine

アクアマリン

The Bible to be a Crystal Human

風の時代の生き方バイブル

理系男子の人生を
180度変えた

クリスタルの魔法

一般社団法人
クリスタルメンタルワーカージャパン
代表理事
森田真文 著

巻頭付録

［クリスタルヒーリング］カードの使い方

第３章から第７章でヒーリング用にご紹介している

クリスタルの写真をカードにしました。

お手元にクリスタルがない場合は、

この写真を手にして、

「このクリスタルによりヒーリングします」と

意図することで、

クリスタルのエネルギーを

受け取ることができるでしょう。

持ち歩いたり、目に見える位置に飾るなど、

ご自由にお使いください。

プロローグ

色鮮やかな石やクリスタル（※Ｐ10参照）を見て「きれいだなぁ」と思うことは、ごく普通のことかもしれません。

クリスタルに限らず可憐なお花や圧巻の景色、絵画や美術品に触れた時、または日常のふとした瞬間にも「きれいだなぁ」と思うことはあるでしょう。

この時あなたの中にはどんな「感覚」が湧いていますか？

きっと「心地よい」感覚が湧いているはずです。

きれいだなぁ、楽しいな、嬉しい、美味しい、ワクワクする、幸せだな、感謝する、満たされる、愛を感じる、安心する、喜びを感じる、希望が湧いてくる……。

このようなたくさんの心地よい感覚の中、いつも生活ができたら素敵だと思いませんか？

もしそんな生活をしたいな、そんな感覚で満たされている素敵な人でありたいなと思うのであれば、自分の中に湧いてくるその「感覚」こそを大切にしてください。

「この石、きれいだなぁ。何だかワクワクするなぁ」

これだけでいいんです。あなたが石を手にする理由はこれで充分。だって心地よいでしょう？

石の意味や効果を知ることも時には大切ですが、そうじゃないんです。

あなたが心地よく感じていることこそが大切なのです。

僕はクリスタルヒーラーとして、クリスタルを使ったヒーリングを皆さんにお届けしています。

ヒーリングセッションの中では、何をするかではなく、何を感じているか、という「自分の感覚」の大切さをお伝えしています。

そして、クリスタルを通して、皆さん一人ひとりがこの地球でこの時代に、心地よく存在することの大切さを思い出してもらいたいと願っています。

それは、**「クリスタルのような人として、クリスタルのように生きる」**ということ。

僕が思うクリスタルのような人とは、純粋で透明感があり、軽やかな波動を纏《まと》っていて、現実社会にとらわれ過ぎずに自由な生き方をしている人です。さらに、クリスタルの結晶構造と同じようにシンプルで、内側からキラキラと輝きを放っています。

また自然界には多種多様のクリスタルが存在し、そのどれもが個性豊かに成長しています。二つと同じものはないといえるでしょう。そんなクリスタルと同じように、誰もが個性的であるということを理解し、違いを違いとして認め、ありのままの自分として個性豊かに輝いている人。そして個性を発揮することの素晴らしさを知っている人。さらに、現代社会においてクリスタルはまだまだ解き明かされていない未知の可能性を多分に秘めています。そんなクリスタルのように可能性に溢れていて、自分の可能性に心を開いている人こそ、クリスタルのような人だと僕は思います。

クリスタルが透明なように、裏表なく自分という存在の**〝本質を生きる〟**ことが、クリスタルのような生き方といえるでしょう。

そのような生き方を別の表現に置き換えるなら、「**風の時代の生き方**」ということもできます。

風の時代というキーワードを、ここ最近、耳にした人も多いのではないでしょうか。

２０２０年冬至の節目を迎えた地球は、天体の動きにより、約２００年に一度のエレメント（四大元素）のシフトが起きました。それは、「地」から「風」へのシフト。つまり、地の時代から風の時代へ突入したということです。

風の時代として挙げられる特徴をみてみると、それは「クリスタルのような生き方」とほぼイコールです。

クリスタルのような人＝風の時代に輝く人

- 純粋で透明感のある人（裏表のない人）
- とらわれがなく、軽やかな人
- 偏りがなく、物事をシンプルにとらえる人
- あるがままの個性を自由に表現している人
- 可能性に溢れ、内から輝いている人

心地よい風のように、軽やかに爽やかに、思いのままに自由に羽ばたく人は、時代の流れに、いとも簡単に乗っていくことでしょう。

イメージはできるけど、そんな生き方をするのは実際難しそう、と思う人もいるかもしれませんね。

でも、難しくないんです。あなたが**「自分らしく生きること」**を決めさえすれば。

その時、クリスタルはその生き方をサポートする強力なサポーターとなってくれます。

「自分らしく生きる＝本当の自分を生きる＝本質を生きる」

違う言い方をすると、**「あなたの好きなように生きる」**ということでしょう。

好きな人たちと、好きな場所で、好きなものに囲まれて、好きに自分を表現しながら生きることができたら、それこそいつも心地よい感覚の中で生活できますよね？


今が、また今までが、どのような状況なのかは関係ありません。

あなたがあなたらしく生きることを望むのであれば、今、それができるのです。


僕の伝えるクリスタルヒーリングは、**本当の自分を生きることをサポートする**ためのものです。


ですから、クリスタルを見て、もし「きれいだなぁ」と心地よい感覚が湧いてくるのであれば、それはクリスタルを通してあなたの感性が開いた瞬間であり、あなたらしさが表れた瞬間。

これこそが、一番簡単なクリスタルヒーリングです。


とはいえ、僕自身、最初からクリスタルのような生き方をしていたかというと、答えはノーです。だって、クリスタルや石に対して、「怪しい……」とさえ思っていましたから（笑）。

クリスタルヒーラーになる前は、機械系エンジニアとして働いていた、バリバリの理系男子です。

一般企業の〝普通の〟会社員としてストレスフルな毎日を送っていた理系出身の僕が、クリスタルヒーラーとして本当に好きなことをして心地よく過ごせるようになったのは、なぜか。

その答えは、**クリスタルヒーリングを通して、「物質」ではなく「エネルギー」に目が向き、その結果として本当の自分を生きるようになったから**です。

オーラが見えるとか、未来がわかるとか、サイキックな感性があったわけでもなく、むしろエネルギーに鈍感な〝普通の会社員〟だった僕でも、人生を大きく変化させていくことができたのですから、もしあなたが望むのであれば、**自由にあるがままの自分を生きる＝クリスタルのような人へ**と変化していくことができるのです。

本書では、風の時代の生き方、つまりクリスタルのような生き方をしていく上での5つのポイントをできるだけわかりやすくシンプルに、さらに身に付けていただくためのワークもご紹介します。

その中で、クリスタルとその扱い方についてだけでなく、僕自身の経験を通して感じ取ってきたクリスタルの魅力や可能性を、たくさんお伝えいたしますので、クリスタルと友達になるような気楽な感覚で読んでいただければ嬉しいです。

それでは、クリスタルの世界へ、一緒に踏み出しましょう

クリスタルとは

クリスタル（Crystal）とは、「結晶」（または結晶体）のことです。

一般的に「水晶（quartz）」や「クリスタルガラス」のことを想像する方も多いと思いますが、クリスタルは「結晶」を意味します。または、「水晶」を指す場合もあります。

「結晶」とは？

❶原子や分子が規則正しく周期的な配列で構成された固体。

❷ある事柄が積み重なり、他のある形をとって現れること（愛の結晶、努力の結晶など）。

水晶に限らず、多くの天然石は「クリスタル」といえます。

また天然に限らず、人工的に造られた石もクリスタルになります。

本書では、自然界の中で、もしくは人工的に造られた鉱物（石や金属）のことを、「クリスタル」と呼んでいます。

クリスタルには宇宙由来の物もありますが、主にこの地球によって生み出されたものです。言い方を変えるならば、地球という意識の一側面が具現化したもの。色、形、成分、結晶構造などによってさまざまな種類に分類され、それぞれが特有のエネルギーを発しています。

また、クリスタルは人間よりもはるかに長い時間この地球で生きていますから、膨大な情報や叡智を携えています。そして、植物や人間と同じように意識があります。人間が知らないことをいろいろ教えてくれる、生きていく上でのサポートになる存在です。

〈クリスタルの種類　一例〉

分類	名前	色や特徴
水晶系	クリアクォーツ	乳白色～透明
	アメジスト	淡・濃紫色
	シトリン	薄黄～濃黄色
	ローズクォーツ	淡・濃ピンク色
	スモーキークォーツ　など	灰色～茶色～黒色
宝石系	ダイヤモンド	最も硬い鉱物
	サファイア	コランダム（青・赤以外）
	ルビー	コランダム（赤）
	エメラルド	ベリル（緑）
	アレキサンドライト　など	変色性
宇宙由来	ギベオン	隕鉄
	モルダバイト	深緑色・チェコ産
	リビアングラス　など	薄黄色・リビア砂漠産
その他 クリスタル	アクアマリン	ベリル（青）
	タイガーアイ	黄色～黄褐色
	インカローズ	ベビーピンク～赤
	トルマリン	マルチカラー
	マラカイト　など	淡・濃緑

目次

巻頭付録　［クリスタルヒーリング］カード

プロローグ　3

第1章　世界のすべてはエネルギー　17

クリスタルヒーリングとは？　18
あなたもクリスタルもエネルギー　20
現実世界の仕組み　23
現実ではなく自分の体感の大切さに気づく　27
本質を生きるために大切な5つのポイント　30

第2章　理系男子、クリスタルヒーラーになる　33

世界を変えてくれたクリスタルに出会うまで　34
クリスタルの魅力　37
涙がこぼれた初めてのクリスタルヒーリング　38

クリスタルが教えてくれたエネルギーの世界　40
クリスタルに出会うことで起きた変化　41
エピソード　クリスタルでこんな変化が!?　47

第3章　グラウンディングで、クリスタルのような人に！　51
エネルギーの土台を作る「グラウンディング」とは？　52
グラウンディングが弱くなる原因　53
グラウンディングが弱いとどうなる？　54
グラウンディングによる効果　55
グラウンディング瞑想　57
ヒーリングクリスタル解説～ブラックトルマリン～　59
クリスタルワーク　59
クリスタルヒーリング　60

第4章　センタリングで、クリスタルのような人に！　61
自分軸を取り戻す「センタリング」とは？　62
センタリングが難しい理由　64

センタリングによる効果 65
センタリング瞑想 68
クリスタルワーク 71
ヒーリングクリスタル解説～フェナカイト～ 70
クリスタルヒーリング 72
第5章 ハートを開いて、クリスタルのような人に！ 73
本当の自分につながる「ハートを開く」とは？ 74
ハートを開くことが難しい理由 74
ハートを開くことによる効果 77
ハートのセンサーを復活させる方法 79
クリスタルワーク 81
ヒーリングクリスタル解説～クンツァイト～ 81
クリスタルヒーリング 83
第6章 不快感を手放し、クリスタルのような人に！ 85
不純物を取り除く「不快感を手放す」とは？ 86
不快感を手放せない理由 87

不快感を手放すことによる効果　88
虹の光で不快感を手放す　89
ヒーリングクリスタル解説～アメジスト～　91
クリスタルワーク　92
クリスタルヒーリング　93

第7章　自己表現で、クリスタルのような人に！　95
自分の光を放つ［自己表現］とは？　96
自己表現が難しい理由　97
自分を表現することによる効果　100
ヒーリングクリスタル解説～アクアマリン～　103
クリスタルワーク　103
クリスタルヒーリング　106

付録　これであなたもプチ・クリスタルマスターに　107
クリスタルの使い方の種類　107
クリスタルヒーリングについて　109

クリスタルの浄化&チャージ方法　118
エピローグ　129

第1章

世界のすべてはエネルギー

クリスタルヒーリングとは？

クリスタルヒーラーとして、僕自身の人生は１８０度といってもいいほど大きく変化しました。快適で楽しく豊かな日々を過ごしていますが、それは以前の僕からは想像もつかない状況です。望んではいたけれど、決して形として現れなかったものが、今では想像以上にどんどん現実に現れるようになっています。

その「大きな変化」とは、クリスタルヒーリングに関わる中で、僕の「**エネルギー**」が変化した結果、体験する現実が変化した、ということ。ただそれだけなんです。

このエネルギーとは、「**波動**」や「**周波数**」と言い換えることもできますね。

まず、クリスタルヒーリングとはどんなものかお話ししましょう。

クリスタルヒーリングは、イギリスやアメリカでは有名なヒーリング手法で、アロマテラピーやフラワーエッセンスなどと同じように代替医療の分野に入ります。

僕の扱っている手法は、イギリス発祥の技術がベースになっています。イギリスには、保険適応になっている、クリスタルを用いた技術もあるようですね。

イギリスの他にも、クリスタルヒーリングが保険適用になっている国々もあるようです。日本ではまだまだ知られていませんが、クリスタルヒーリングはそれだけの、いや、それ以上の可能性を秘めているものだと、僕は思っています。

クリスタルヒーリングには、さまざまな流派のようなものがあります。クリスタルやそのエネルギーについて、どんな認識でどのような定義でヒーリングを行っているのか、まったくといっていいほど流派によって違う場合もあります。

ですから、本書では、クリスタルヒーリング全般ではなく、僕が認識しているクリスタルヒーリングをお伝えできたらと思っています。


まず前提として、クリスタルヒーリングでは、クリスタルも人間も、**物質ではなくエネルギー**としてとらえます。

その観点からすると、クリスタルヒーリングとは、クリスタルを使って人間を整えるというよりも、**クリスタルの「エネルギー」を使って、人間の「エネルギー」を整えるヒーリング方法**、ということになります。

あなたもクリスタルもエネルギー

僕たち人間とは、単に肉体だけの存在ではないと、多くの人が気づいていることと思います。ほとんどの人が、オーラ、氣、チャクラ、経絡という言葉を聞いたことがあるでしょうし、本書を手にしている皆さんは、それらを意識して日々を過ごしているかもしれませんね。

また、人間には、肉体だけでなく意識や心、感情、魂など、目に見えない非物質の側面も含まれています。

それらすべては、「エネルギー」であり、人間はさまざまなエネルギーの「**複合体**」として存在しているのです。

そして僕たちの肉体とは、その**エネルギーの反映である物質**です。

エネルギーは非物質ですから、密度が薄く、じつは変化しやすいものです。

一方の肉体や物質は、密度が濃いため、変化させるには時間とエネルギーが必要です。今までは多くの人が肉体という物質を使って、現実という物質をなんとか自分にとって良い方向へ変えようとしてきました。でもなかなか変わらない。物質で物質を変えるには、時間と大きなエネルギーが必要ですし、そもそもその物質（現実）をつくり出しているエネルギーのほうが変わっていないことが多いのです。

でも、肉体や物質がエネルギー（周波数）を投影したものにすぎないことが理解できると、**エネルギーが変化することで、それに伴い物質も速やかに変化する**、ということがわかるでしょう。

これについては、後ほど詳しくご説明しますね。

僕たち人間だけでなく、均整の取れたきれいな分子構造を持ったクリスタルも、エネルギーでできています。

クリスタルにはさまざまな種類がありますが、見た目の美しさからもうかがえるように、どのクリスタルもとても安定的なエネルギーを持っています。

僕たち人間は、生活しているだけでさまざまな要素の影響を受けますよね。なので、日々エネルギーがアップダウンしたりと変化しますが、クリスタルは僕たち人間よりはるかに安定したエネルギーを保っています。

クリスタルヒーリングでは、この安定した、かつ種類によって特徴の異なるクリスタルのエネルギーを使い、人のエネルギーを整えていくのです。

僕が最初にクリスタルヒーリングを知ったとき、森の中にある自然のベッドのようなところに、傷

ついた人が横たわっていて、その人にクリスタルを置いて癒しているイメージが湧いてきました。精霊や妖精も周りに飛んでいて、まるでクリスタルの魔法をかけているようで、ワクワクした記憶があります。

10年以上クリスタルヒーリングに携わってきましたが、クリスタルヒーリングは、本当に「**クリスタルの魔法**」といっても過言ではありません。

クリスタルヒーリングに限らず、ヒーリングとは、「癒し」であり、その人が**本来の高い波動を保った状態へ戻るためのサポートをする手法**だと、僕は認識しています。

つまり、クリスタルヒーリングとは、「**クリスタルを使って、その人（または自分）の波動を上げることを手伝うテクニック**」と、定義づけることができるでしょう。

現実世界の仕組み

クリスタルヒーリングによって僕のエネルギーが変化したのは、物質ではなく、エネルギーに目が向くようになったからです。

加えて、たくさんの失敗や挫折を通して、この現実世界の仕組みを理解してきましたので、今では、現実世界の変化がたまたま起きたのではなく、当然の結果として現れているだけなんだ、ということもわかります。

では、この現実世界の仕組みとは、どのようなものなのでしょうか?

ここで量子力学の観点から世界を見ると、その答えが得られるかもしれません。

この物質世界を細かく分解していくと、**分子→原子→原子核(陽子・中性子・電子)**になり、この世界の物質はすべて、陽子と中性子と電子の組み合わせでできている、ということがわかっています。

この原子核をもっと細かくすると、クォークやレプトンなどの素粒子となります。つまり、物質世界は素粒子でできている、ということですね。

有名な「二重スリット実験」をご存じの方もいるかもしれません。素粒子については、この実験の内容を調べてみると面白いでしょう。

この実験では、素粒子は「粒子と波(波動)」の両面の特性を持っている、つまりすべての物質は**波動=エネルギー**であり、**粒子=物質**であると解釈されています。そして波である素粒子が、観測者に〝**観測〟されることによって、粒子になる**というのです。

この実験は完全に証明されているわけではありませんが、このような解釈をしないと説明がつかない実験結果とのことです。

ここから読み解くと、この物質世界は素粒子の組み合わせなのですから、すべての物質はまず波としてふわふわ存在していて、僕たちの意識が観測することでカチッと固まり、波（波動）から、粒子（物質）となる。そして、それを現実として僕たちは認識しているのです。

以下は僕の解釈になりますが、そうやって現実が創られているのだとしたら、観測者である**自分の意識や周波数が変化したら、波をカチッと固める固め方が変わり、結果として粒子＝物質が変化する**、と導き出せるのではないでしょうか。

たとえば、数人が同じ場所にいてもそれぞれ体験している（感じている）ことがまるで違ったり、同じモノを見ても感じ方が違うことはよくありますよね。これは、観測者それぞれが違う周波数でその現実を創っているため、体験していることが異なるということです。つまり、**周波数が変われば、現実（体験）が変わる**ということです。

これは、昔からいわれている、

「自分の世界は、自分の映し鏡である」
「自分が変われば、世界が変わる」

という言葉につながります。

ですから、肉体はもちろん、この物質的な現実とは、自分自身のエネルギーの反映であり、自分の意識が現実に投影されている、ということなのです。

エネルギーの扱いに慣れることで現実の扱いに慣れていく

仕組みはわかったけれど、エネルギーってどうやって扱うの？と思うかもしれませんね。じつは、それほど難しくないんです。

クリスタルヒーリングの例をお話ししましょう。

クリスタルヒーリングをする時、まずはその方のオーラを触って状態を確認します。僕も最初は、「オーラを触る??」と思いました。物質ではないものを、どうやって触るのだろう、と。でもやってみたら、できたのです！

感度の違いこそあれ、セミナーでも皆さん、すぐにできます。これは、本当に誰でもできるんです。「いや、私にはそんなことできるわけない！」と反論されるかもしれませんが、それはできないのではなくて、やったことがないだけでしょう（笑）。これまでのセミナーの参加者の方々を見ていて、そう言い切ることができます。

僕自身、以前はエネルギーの扱い方を知らなかったので、**エネルギー＝難しいもの＝変化させせづらいもの**という印象がありました。

しかし、自分にも扱えることがわかると、前述したように、エネルギーは物質的な密度がないので、じつは物質よりもはるかに変化しやすい、ということにも気づくようになります。

そこに、**現実とはエネルギーの反映であり、自分で創り出しているという**、この世界の仕組みへの理解が加わると、「エネルギーが簡単に変化するということは、結果として現実も簡単に変化する」ということが腑に落ちていきます。

この意識になっていくと、現実は意識（エネルギー）の反映ですから、「簡単に現実が変わっていく」という現実を体験するようになるのです。

現実ではなく自分の体感の大切さに気づく

現実は簡単に変わるものだということがわかると、「何とかして現実を変えていこう！」という意識が薄れていきます。現実は確固たる変わらないものではなく、「**エネルギーを映像化しただけの移り**

ゆくもの」ということを理解しているからです。

ですから同時に、「何とかしてこの現実が変わらないようにしよう！」という、よい現実にしがみつくような意識も薄れていきます。

そして、現実（外側）に意識を向けなくなっていくと、**外側に使っていたエネルギーが自分の内側に戻ってきます**。すると外側の出来事よりも**内側の感覚がリアル**になっていくので、**大切なのは外側ではなく自分の内側**、つまり自分のエネルギーであり周波数、**内側の体感**なのだ、ということに気づくようになります。

これはどういうことかというと、たとえば楽しい旅行に行った時、「旅行に行った」ということが大切なのではなく、「楽しい」という感覚が大切。誰かと一緒にいると幸せというのは、「一緒にいる」ということが大切なのではなく、「幸せ」という感覚が大切。石を見て「きれいだなぁ」と感じるのであれば、「石を見たこと」が大切なのではなく、「きれいだなぁ」と感じていることが大切ということ。つまり外側の世界で何が起きているかではなく、**自分の内側の世界で何を感じているかが大切**ということです。

そうなると、プロローグでお話ししたような、自分の体感が「心地よく」感じる選択を常にするようになり、その生き方が自分にとっての普通になっていくのです。

いつでもどこでもどんな時でも、何をするにしても何を選択するにしても、自分にとっての最優先事項が「自分が心地よく存在しているか?」となります。なぜならその心地よい状態があなたの**本質**だからです。

そして、自分が心地よく存在していることで、その調和のとれた周波数は周りに伝搬し、さらにそこから世界へと伝搬していくことになります。つまり、**あなたの心地よさが、世界の心地よさへとつながっている**ということです。

この生き方こそが、**本当の自分に一致した表現をしながら生きる生き方**、つまりこれからの**風の時代の生き方**であり、**クリスタルのように生きる**ということ。

だからもしあなたがクリスタルを見て「きれいだなぁ」と感じるのであれば、それはただ見ているだけで何も起きていないからあまり意味のないことなのではなく、**あなたにとっても世界にとってもポジティブなことが起きている**ということです。

ですから、その心地よさを大切にしてください。

もちろん、常に心地よい選択ができない状況や状態であることもあるでしょう。むしろそういう状況のほうがまだ多いかもしれませんね。でも大丈夫です。そのために本書があるのですから。

本質を生きるために大切な5つのポイント

第2章では僕がクリスタルヒーラーになるまでの経緯をお話ししますが、これまでの人生においてたくさんの失敗を繰り返すなかで、この世界の仕組みについて少しずつ理解し、常に自分の「心地よい」という感覚を選択するように意識してきました。

それにより、本質の方向へと流れていくことができたのですが、本書では、皆さんに最初に取り組んでいただきたい、特に重要なポイントをご紹介します。

このポイントに取り組むだけで、人生が大きく本質へと近づくことになるでしょう。

本質を生きる5つのポイント

1. エネルギーの土台を作る【グラウンディング】
(地球のエネルギーと自分のエネルギーがつながっている状態)
↓第3章へ

2. 自分軸を取り戻す【センタリング】
(自分軸。他人にとらわれず自分がどうしたいかという意識状態)
↓第4章へ

3. 本当の自分につながる【ハートを開く】
(心の声を聴く。本当の自分が何を望んでいるのかわかる状態)
↓第5章へ

4. 不純物を取り除く【不快感を手放す】
(自分の本質を生きようとすると出てくる、自分の本質ではない不快感を手放す)
↓第6章へ

5. 自分の光を放つ【自己表現】
(ハートに従った自分自身の表現をする)
↓第7章へ

第3章以降で、一つずつ詳しくご説明していきます。そして、皆さんにも今すぐ実践していただける、簡単なクリスタルワークもお伝えしますね。

これだけでも、皆さんのエネルギーが変化し、クリスタルのような人として、本質の輝きを取り戻すことが加速していくでしょう。

第2章

理系男子、クリスタルヒーラーになる

世界を変えてくれたクリスタルに出会うまで

この章では、僕自身がクリスタルに出会ったことで、現実世界が180度変わった道のりをお話ししたいと思います。

クリスタルヒーラーとして独立した今は、クリスタルヒーラーの養成とクリスタルヒーリングの研究・普及を行う協会である、一般社団法人『Crystamental Worker Japan』の代表理事として、またヒーリングサロン&クリスタルショップ『エルフェイム』のヒーラー兼オーナーとして、大好きなクリスタルに囲まれながらセッションやセミナーを楽しんでいます。

でも、独立前は、ヒーリングやサイキックとは無縁の、本当に自分がやりたいことを模索していた、〝普通〟の社会人でした。

自然豊かな東京の外れで生まれ育った僕は、川や原っぱなど自然の中で遊ぶのが大好きでした。いつまでもきれいな自然の中で過ごしたいという気持ちがあったからか、成長するにつれ、環境問題や自然環境保護に興味を持ちはじめ、「科学技術を開発して環境に貢献したい」と思うようになります。

そうして理系の道を進み、大学や大学院では、太陽光のエネルギーを利用して水素を発生させる装置や、木質系バイオマスを高効率に木炭にする技術の研究などに取り組んでいました。「省エネなどで環境に貢献できるのではないかな」という思いもあり、カーエアコン関係のメーカーで機械系エンジニアとしての職に就きます。

しかし、働いてすぐ、「これは本当に自分がやりたい仕事ではない」と気づきます。僕がやらなくても同じように会社は回っていくなら、僕である必要がないな、と思ったのです。

同時に、環境保全の技術を開発するよりも、技術を使って**環境を壊しているのは人間なのだから、人間が変わっていかないと意味がない**のではないか、と思うようになっていきました。

今の仕事は心からやりたいことではないけれど、自分が本当に何をしたいのかわからない。

そんなジレンマを抱えながら、週5＋残業という日々を送っていたサラリーマン時代。

「楽しくないことをやって生き続けるって、生きている意味あるのかな？」

「これって、〝**僕が僕として**〟生きている意味がない」

極端かもしれませんが、死んでいるのと同じだな、と思うようになりました。会社の上司や同僚には恵まれていましたが、当時はストレスフルで、「本当に自分がしたいこと」を切望していたのです。

そこで、自分のしたいことを見つける時間を作るため、会社に行かなくても生活できるくらいのお金を得ようと、休日を使ってお金や投資系のセミナーに出たり、いろいろなビジネスを試したりしました。今まで無縁だった新しいことを学ぶのは楽しかったですし、希望もあり充実感もありました。それでも自分の本当にしたいことには出会えず、結局ビジネスも投資もうまくいかず、数百万円単位でお金を持っていかれてしまったこともありました。

お金を作るどころか失っていき、自分の本当にしたいことは見つからずじまい。仕事のストレスも増していき、生活も荒《すさ》み、すでに結婚していましたが奥さんとも喧嘩が絶えない日々でした。

そこで、原点回帰として大好きな自然に関わる仕事に目を向けることにした僕は、フィトセラピーや樹木医について調べてみたり、森林セラピーやアロマテラピーを勉強しますが、なかなかしっくりきません。

そんな時です。

フラッと立ち寄ったクリスタルショップで見かけた、石の意味一覧表。

「**ドクン**」と、静かに心臓が高鳴ったのを覚えています。

石には一つひとつに意味や役割があることを知り、アロマオイルみたいだなと思ったのが、最初の印象でした。

アロマテラピーはヨーロッパでは代替医療として使われていることを知っていたので、クリスタルも同じように使えるのかな？と、興味が湧いてきたんです。

こうして、胸が高鳴るクリスタルとの出会いを果たしますが、会社員としての給料とは別に、生活費の当てにしていた収入が断たれ、毎月の家賃が払えないという状況に陥ってしまいます。

それでも、自分が本当に興味を惹かれることに出会ったことで、いつになく毎日を楽しく感じるようになったのです。

クリスタルの魅力

僕が初めてクリスタルと触れ合ったのは、僕の先生である故・元木恵理さんの講座です。さまざまな種類があるクリスタルですが、その講座は特に水晶に特化した内容でした。

水晶と一言でいっても、種類はいろいろ。色味の違いはもちろん、透明度の違いや、結晶の仕方、先端の面（ファセット）の形の違い、水入り、虹入り、トルマリンや他の鉱物が入っているものもあります。表面に△模様が浮き出ているものもあれば、軽く叩くと高い金属音がするもの、光を当てると輝くもの、カラーチェンジするもの、さらには雷が落ちてその痕《あと》が刻まれているものや、一度折れたり欠けたりした部分が自然の中で修復し再成長しているもの、などなど……。

ここでは書ききれないほど、水晶にはまだまだたくさんの種類があります。そして、それぞれが特有の意味と特有のエネルギーを持っているんです。

初めての講座を受けた僕は、自然界の奇跡に感動したのを覚えています。カットされて磨かれた宝石とはまた違う、壮大な世界観を感じ、まったく知らない世界へ足を踏み入れた希望や可能性に、ワクワクしました。

こうして僕は、クリスタルの結晶の不思議さや美しさ、成り立ちに魅力を感じたのですが、クリスタルの奥深さは、さらにその先にあったのです。

涙がこぼれた初めてのクリスタルヒーリング

クリスタルの講座の中で、クリスタルヒーリングの体験がありました。横になって、体の周りに6個の石を配置する、というものです（P115「六芒星ヒーリング」参照）。

実際に横になって目を瞑《つぶ》り、体の周りに石が置かれると、足元から何かがグワーッと上がってくるのを感じたのです。この〝何か〟とは、目には見えないエネルギーでした。

その〝何か〟が顔の近くまで上がってくると、唾液がジュワーッとすごく出てきたんです。「うわ！なんだこれ⁉」と思っていたら、今度は目のあたりまでエネルギーが上がってきて、目から涙がツーッと流れたのです。

これが、僕の初めてのクリスタルヒーリングの体験でした。

その時、僕は「これだ！」と確信したのです。なぜなら、自分はエネルギーには鈍感でしたし、石を僕の周りに配置してくれた人もまったくの素人である生徒さんだったわけですが、**ちゃんとエネルギーを体感できた**のですから。

肉体には一切触れずに、体の周りにクリスタルを置いていっただけ。それでもヒーリングが終わった後、僕は何ともいえない心地よさに包まれていました。

石の力のすごさを、僕は初めてのクリスタルヒーリングで実感したのです。

のちにこの時のヒーリングを自分なりに探求していくと、自分のエネルギーフィールドが新しい形で再構築されていたことがわかりました。**自分のエネルギーがバージョンアップした**、ともいえるでしょう。

この体験から、僕の人生の流れが勢いよく加速したことは、なるほど、今ならよくわかります。

クリスタルが教えてくれたエネルギーの世界

クリスタルヒーリングを体験してからというもの、一気に学びを深めた僕は、学び始めて2年後には会社を退職し、クリスタルヒーラーとして独立していました。

やっと自分のやりたい仕事に集中できる環境になり、ヒーリングやセミナー、クリスタルの販売が少しずつ軌道に乗り始め、決して平坦な道のりではありませんでしたが、退職して3年半経つ頃には、クリスタルの仕事だけで生活ができるようになりました。

その頃になると、クリスタルヒーラーとして、人やこの世界をエネルギーとしてとらえることが自然になっていました。第1章でお伝えしたようなこの世界の仕組みを、**エネルギーレベルで理解するようになった**、ともいえますね。

エネルギーレベルからこの世界を見ていくことで、「自分がなぜ失敗してきたのか」「なぜうまくいくようになったか」「どうすればうまくいくのか」「どういう状況だからうまくいかないのか」など、仕事や人間関係、健康や感情的な問題について、自分の経験を通して向き合うことができたのです。

だからこそ、今がどんな状況であっても、今までがどんな状況であっても、誰でもどうとでも変わっていけると、確信を持って言うことができます。加えて、自分の本質を生きることを望むのであれば、誰でもそういう生き方にシフトすることができると、断言できます。

そのような生き方にシフトするには、クリスタルやクリスタルヒーリングが大きなサポートになることは、僕が身をもって体感してきました。実際に、死んだも同然と思っていたストレスフルな人生から、大きく変わったのですから。

本書を通して、**自分らしく本質を生きたい！**と思う方は、僕の経験を参考にしていただけたら嬉しいです。

クリスタルに出会うことで起きた変化

本来、この世界において、目に見える形の〝現実的な変化〟は、じつは重要ではなく、**意識やエネルギーの変化こそが大切**です。なぜなら、現実とはエネルギーの反映にすぎないからです。

ですが、クリスタルヒーリングを通して「意識が拡大しました！」「エネルギーがこれだけ変化しました！」と言っても、僕を直接ご存じない方にとっては何の証明にもならないので、エネルギーの反映である現実的な変化を、ここであえてご紹介しますね。

「クリスタルヒーラー」というと、何か特殊能力がありそうな感じがするかもしれませんが、僕はいわゆる〝普通の人〟です。

幼少期に特別なスピリチュアル体験をしたこともありませんし、親族に神主や占い師がいるわけでもありません。サイキックな能力が開いていたわけでもなく、クリスタルヒーリングを学んでいる時も慣れるまでは、エネルギーを感じたり、石からメッセージを受け取ったりすることがとても苦手でした。

クリスタルに出会う前の会社員時代は、自分探しにお金も時間も使い、貯蓄はマイナスに。クリスタルに出会った後も、稼げない自分への無価値感や不足感がまだまだ強く、奥さんとの関係はかなりギクシャクしていました。

人前で話すことがすごく苦手で、すぐに頭は真っ白、顔は真っ赤に（笑）。小学生の頃は、授業中に発言するだけで緊張して涙が出たこともあります。滑舌も悪く、声も小さいので、余計に苦手だったんです。話すだけでなく、文章を書くことも苦手でした。

それに、人混みが苦手で、人の多い場所へ行くとなんだか具合が悪くなるし、車の中で本を開けば2秒で気分が悪くなるほど、乗り物酔いもひどかったんです。

クリスタルに出会う前の自分を振り返ると、生きるのに精一杯だったのだと思います。

強いてポジティブな点を挙げれば、健康であったことと、「人間、本気を出せば大抵のことはできる」と思っていたことでしょうか。

そんな僕が、クリスタルと出会い、魅了され、クリスタルに囲まれながら生活するだけでなく、クリスタルヒーラーとして仕事をするまでになったのです。

クリスタルヒーリングを学び始めた頃、サイキックな感性は閉じていましたが、クリスタルヒーリングの個人セッションを行っていく中で徐々に開花し、鍛えられていきました。

また、日々たくさんのクリスタルに触れることで、エネルギーを感じる精度が以前よりはるかに鋭敏になり、クリスタルや高次元の存在からのメッセージもスムーズに受け取れるようになったのです。

日常では、常に豊かさを感じながら生活できるようになりました。奥さんとの関係も、今ではお互いを尊重できるようになっています。

さらに、人前で話すことも緊張しなくなり、それどころか自分の表現が自由にできることに対して、楽しいと感じるようになりました。１５００人くらいの前で話すことは問題ありません。声と滑舌は、今後の伸びしろということにしておきましょう（笑）。それに、伝えたいことを文章で表現することもできるようになりました。人混みに行っても全然影響を受けなくなり、今では車内で文を書いていても車酔いしません。

もともと健康でしたが、以前よりも体力がつき、肉体もより健康的になり、ポジティブに自分の可能性を信頼できるようになっています。

これらの変化は、一つひとつのインパクトは小さいかもしれません。でも以前の僕からしたら、180度、人生が変化したのです。

そんな変化をしていく僕を、常に影でサポートしてくれていたのが、**クリスタル**です。

クリスタルが何かをしてくれた、というつもりはありません。でも、クリスタルやクリスタルヒーリングを通して、**物質をつくっているエネルギーに目が向く**ようになったおかげで、自分のエネルギーを意識するようになりました。

その結果として、僕の**エネルギーが変化し、体験する現実も変わった**のです。

クリスタルは不思議な存在です。

この現実世界に物質として確かにあるのに、この次元にいないかのような雰囲気があり、どこか神秘的。魔法や錬金術《アルケミー》といったキーワードが簡単に浮かび、ファンタジーの世界には当たり前のように登場する――。

多くの人が似たようなイメージをお持ちなのではないかと思います。

このようにクリスタルは目に見える物質でありながら、目に見えない世界を連想させたり、目に見えない次元やエネルギーに意識を向けることを簡単に促します。

クリスタルヒーリングも目に見えるクリスタルを使って、目に見えないエネルギーを変化させていくわけですから。

クリスタルはちょうど物質的な世界とエネルギー的な世界の中間にいるような不思議な存在で、**目に見える世界と目に見えない世界をつなぐ架け橋**のような役割があると感じています。だから僕の場合もクリスタルを扱うことで、自然と見えない世界への理解が深まっていったのだと思います。

繰り返しになりますが、自分の世界は自分のエネルギーの反映として創られています。これは第1章でお伝えしたとおり、科学でも証明されつつあることです。

もしあなたが、

「魔法は空想上のものではなく、実在してもいいんじゃないか？」

「魔法を使うかのようにもっと便利に簡単にいろいろなことが起きたり、起こせたりしてもいいんじゃないか？」

と自分の世界に許可を出すのであれば、魔法はあなたの世界に甦ることになります。

あなたのエネルギー（周波数・意識）であなたの世界を創っているのですから、当たり前のことなのです。それほど僕ら人間はパワフルな存在なんですね。

理系の僕が「魔法」というのは不思議だと思うかもしれませんが、もし魔法を使いこなせるとしたらあなたはどう感じますか？　少しでもワクワクしたのであれば、クリスタルはあなたの強力な助っ人として、速やかにあなたの世界に魔法を甦らせてくれるでしょう。

そしてその魔法は、あなたの人生を１８０度良い方向へと変えてくれるかもしれません。

クリスタルでこんな変化が!?
～クリスタルに出会ったばかりの僕が実際に体験したクリスタルエピソード～

エピソード1　ギックリ腰が15分で回復！

クリスタルヒーリング・サロンをオープンした時、知人が遊びに来てくれたのですが、前日にギックリ腰になってしまったらしく杖をついていたのです。せっかく来てくれたので、少しだけヒーリングをしようということになり、15分ほどクリスタルヒーリングを行いました。僕は石を知人の体の上や周りに置いたりしただけで、体には一切触れていません。

ヒーリング施術が終わると、なんとその知人は、施術ベッドから一人ですっと起き上がったのです！しかも、僕が駅まで見送ったのですが、杖など必要なく普通に歩いていました。

肉体レベルに、こんなにもすぐに作用することに驚いたのを覚えています。

エピソード2　美容にも変化が!?

僕がクリスタルヒーリングを学んだのは、今から10年ほど前。一緒に受講した同期は全員女性で、40～50代の方が多かったのですが、卒業から2年後に久しぶりに会ったら、全員、前よりきれいになっていたんです。2歳、年を重ねているのにもかかわらず（笑）。

クリスタルヒーリングを通してエネルギーがきれいになると、その反映である肉体も、やっぱりきれいになるんだなと、その時、確かに実感しました。

エピソード3　水晶のクラスターに石を乗せたらキラキラに！

とあるクリスタルショップで、クリスマスイベントとしてくじ引きをしていたので、同伴していた姉と二人で3枚引きました。すると、なんと2等が当たり、ヒマラヤ水晶のクラスターをもらったのです。

水晶のクラスターには浄化力がある、と聞いていたので、家にあったアクアマリンのビーズをクラスターの上に乗せてみたら、そのアクアマリンがみるみる透明になるではないですか！

びっくりして、本物かどうかもわからないような石のブレスレットや指輪を乗せてみると、それもキラキラ輝き出したんです。きっと僕の目も、キラッキラしていたと思います（笑）。

クラスターの浄化能力とエネルギーチャージ能力の素晴らしさを知ったと同時に、こんなに変わるということは、石って本当に生きているんだな、とその時、認識したのを覚えています。

エピソード4　見ているだけで気持ちが変わる！

クリスタルヒーリングを学び出してから数カ月ほど経った頃、スクールに併設されていたクリスタルショップに、とても透明なクリアクォーツの単結晶が何本か入ってきました。15～25cmくらいの、比較的大きなクリスタルです。

それらをいくつか買おうかな……と悩んでいると、ちょうど電話がかかってきました。話の内容は忘れましたが、とにかくその電話にものすごくイライラしたのを覚えています。そして電話を切り、イライラしたまま店内に戻ってクリスタルを見ていると、瞬く間にイライラがスーッと流れて、消えていったのです。

ものすごいイライラが数秒後にはなくなっていたのですから、その時とても驚いたと同時に、ますますクリスタルを好きになりました。均整の取れたクリスタルの、調和のエネルギーに共鳴したことで、僕自身も整っていったのでしょうね。

第3章

グラウンディングで、クリスタルのような人に！

エネルギーの土台を作る【グラウンディング】とは？

ここからは、風の時代を自分らしく、本質で生きるためのポイントを、各章でお伝えしていきますね。

最初のポイントは、「**グラウンディング**」です。

簡単にいうと、グラウンディングとは、「**地に足がついた状態。自分のエネルギーと地球のエネルギーがしっかりとつながった状態のこと**」を指します。

グラウンディングを強化することとは、エネルギー的な土台の強化、樹でいう根っこ、建物でいう基礎を強化することになります。

これは、これから各章でご紹介する5つのポイントのうち、最も大切なポイントといってもよいかもしれません。基礎がなければ何も始まりませんし、土台がなければ何も形作られませんから。

何をするにしても、最初に必要となる、エネルギーの土台です。

グラウンディングが弱くなる原因

望む人生を生きるための基礎となるとても大切なグラウンディングですが、現代人はグラウンディングしづらい環境（足元に意識が向きづらい環境）で生活をしています。そのため、意識的にグラウンディングをしていかないと、どうしてもグラウンディングが弱くなる傾向があるのです。

グラウンディングしづらい要因としては、次のようなことが考えられます。

- 頭で考えることが多いため、エネルギーが頭のほうへ行く。
- 高い所（高層階）に住んでいたり働いていたりと、物理的に地面との距離が離れている。
- ゴム底の靴を履いているため、エネルギー的に地面とのつながりが遮断されている。
- 人工物が増加し、自然、大地、地面とのつながりが全体的に希薄になっている。

グラウンディングが弱いとどうなる？

外部からのエネルギーの影響

グラウンディングが弱い状態というのは、根っこのない木や基礎のない建物と一緒。風や地震ですぐ倒れてしまいます。つまり、外部からのエネルギーの影響をもろに受けてしまうのです。

昔の僕がそうでした。人から何かを言われたらすごく気になったり、人混みの中では余計なエネルギーの影響で具合が悪くなったり……。精神的にも肉体的にも安定感に欠け、仕事もなかなか形にならない、という状態になります。

このような状態では、自分の本質を生きていけるはずがありません。ですから、どんなにもがいても、このポイントを逃していては、何も始まらないんですね。

グラウンディングによる効果

グラウンディングを意識的に強化していくと、このような状態へとなっていきます。

- エネルギーが安定し、ブレなくなる。周囲の影響を受けにくくなる。
- 安定感、安心感、リラックス感が生まれる。
- 地球と自分のエネルギーの循環が起き、自分のエネルギーをクリアに保つことができる。
- 肉体的な健康が増進し、活力に満ち、疲れにくくなる。
- 高い周波数のエネルギーをしっかりと定着させることができる。
- 具現化能力が高まる。
- 経済的な基盤が安定する。
- 高次元の存在と安定してコンタクトがとれる。

僕が会社員を辞めて、クリスタルヒーラーとして仕事を初めてから、仕事の流れや収入の流れが大きく変わったタイミングがありました。それまでの数年間とは、明らかに違う変化です。

そのタイミングとは、グラウンディングの大切さを認識し、本当にしっかりと意識し始めた時でした。だから僕は、講座では毎回毎回、口を酸っぱくしながらグラウンディングの重要性を叫んでいます（笑）。

もしあなたがグラウンディングを知らなかったり、あまり意識してこなかったのであれば、グラウンディングをしっかりと意識するだけでも人生の質が大きく変わるでしょう。

実際、クリスタルヒーリングのセッションでグラウンディングを促すだけでも、

「気持ちがすっごく楽になりました」
「ぼんやりしていた思考が、すっきり明晰になりました」
「視野が広がり、部屋が明るく見えます」
「いつもと違い、すごく安定して落ち着きました」

などの体感を得る人は、とても多いです。

ぜひワクワクしながら実践してみてくださいね。

グラウンディング瞑想

① 立って、もしくは椅子や床に座って背筋を軽く伸ばし、ゆっくりと深呼吸します。目は瞑っても瞑らなくてもいいです。座っている場合は、手を組むとよいでしょう。

② 新鮮できれいな空気が体の中に入ってきて隅々まで広がり、その空気が内側にある余計なエネルギー（痛み、よどみ、滞り、凝り、緊張、ストレス、重い感情、重い周波数など）を絡め取り、吐く息とともに出ていくのをイメージしましょう。しばらく深呼吸を続けます。

③ 吐く息とともに余計なエネルギーが抜けて、リラックスしてきたなと感じたら、両足の裏に意識を向けます。両足の裏から木の根っこが生えていき、その根が床を通って地面に到達し、大地に、そして地球に深く大きく広がっていくのをイメージ（意図）します。根がどんどん枝分かれし、地球いっぱいに張り巡らされ、肉体が安定するのを感じます。

④ 次に、尾てい骨・尾骨のあたりを意識してください。そこから自分のエネルギーでできたコード（グラウンディングコード）が、地球の中心に真っすぐに伸びていくのをイメージします。どんどん地球の中心へと進んでいくと、とてもパワフルな「地球の中心のエネルギー」があります。コードと地球の中心のエネルギーを、しっかりとつなぎます。しっかりとつなぐと意図し、つながったなと感じたら、一度大きく深呼吸をして、ゆっくりと目を開けましょう。

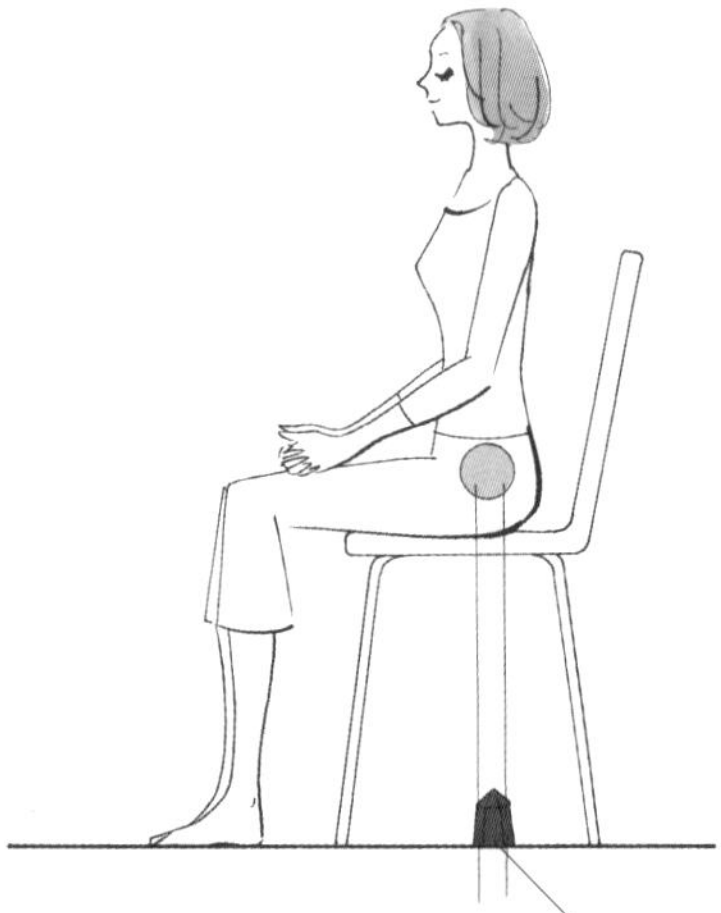

〈ワンポイント・テクニック〉

瞑想時に、グラウンディングをサポートするクリスタルを、グラウンディングコードの通過点（床の上）に置いてみましょう。そうすることで、よりグラウンディングが簡単に深くできます。

また、普段は、クリスタルをポケットなどに入れて持ち歩くだけでも、グラウンディングを促してくれます。僕も、ポケットにはブラックトルマリンの原石を入れていることが多いです。

〈グラウンディングをサポートするクリスタル〉

◆ブラックトルマリン
◆スモーキークォーツ（煙水晶）
◆オニキス
◆オブシディアン（黒曜石）
◆ヘマタイト
◆モリオン（黒水晶）

◆プレセリ・ブルーストーン（世界遺産ストーンヘンジに使われている石）　など

ヒーリングクリスタル解説

◆ブラックトルマリン（巻頭付録PⅡ参照）

グラウンディングを促してくれる代表的なクリスタル。原石にはきれいな条線が入ることが多く、これはエネルギーを良く通す性質の顕れでもある。この性質により滞ったエネルギー、余計なエネルギーを流すことも得意とする。

クリスタルワーク

①　ブラックトルマリンを握ります。
②　吸う息に合わせて、ブラックトルマリンからエネルギーが自分の中に入ってくるのを感じてください。
③　そのエネルギーは両足の裏と会陰（性器と肛門の間）の辺り、計3か所に黒い光の球体としてプールされていきます。
④　その光の球体が充分に光り輝き準備ができたと思ったら、吐く息とともに両足と会陰から、ブラックトルマリンの原石のような黒い縦線の入った柱が地球の中心へと延びていくのをイメージします。

⑤ 3本の柱が地球の中心にある光り輝く核となるエネルギーに突き刺さったら、そのまましばらく呼吸を続けます。

⑥ すると徐々にその3本の柱はつながり、一つの大きな柱となっていきます。

⑦ あなたと地球の中心をつなぐ1本の太い柱ができたら、一度大きく深呼吸をしてゆっくり目を開けてください。

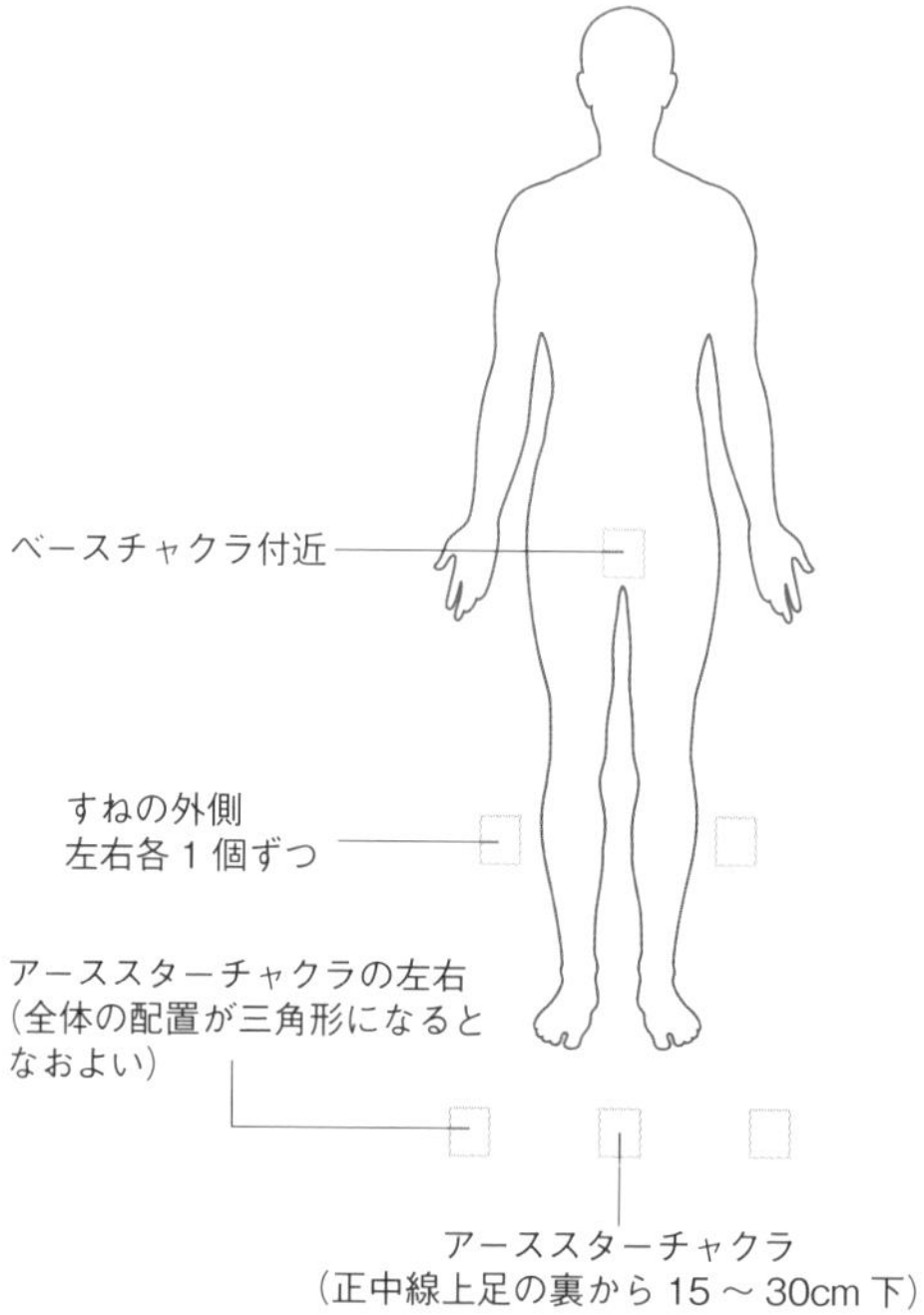

クリスタルヒーリング

グラウンディングを強化し、地球とのエネルギー的なつながりを確立していきます。どっしりと安定したエネルギーの土台を作り上げます。

＊使用するクリスタル：ブラックトルマリン6個

＊方法：仰向けになり、図の位置にクリスタルを配置します。3～5分経過したらクリスタルを外してください。

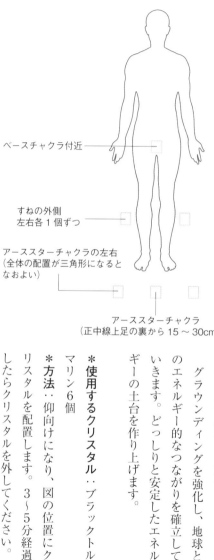

第4章

センタリングで、クリスタルのような人に！

The Bible to be a Crystal Human

自分軸を取り戻す【センタリング】とは？

続いて、本質を生きるための2つめのポイントである「**センタリング**」についてご説明していきましょう。

センタリングとは、「**意識を『今』『ここ（肉体の中）』に置いている状態のこと。自分軸にいる状態**」のことです。

センタリングとは、一言でいうと、「**自分軸で生きる**」ということ。自分の「意識」が他人側ではなく自分側にある状態のことですが、この「意識」というのは、**とても自由なもの**です。**自由**だから、どこへでも行ってしまいます。

少しイメージしてみてください。

まず、「場所（空間）」。

自分の部屋にいながら、意識を学校や職場に飛ばしてみましょう。または、最寄りの駅は？　ハワイは？　月の上は？

……イメージだとしても、何となくその場所に行けるのがわかると思います。

次に、「時間」。

小学生の頃、どんな遊びをしていた？　昨日の夜は何を食べた？　今週末はどこに行っている？

3年後はどんな生活をしている？

……何となくイメージで飛べましたか？

このように「意識」は自由なので、**空間と時間の概念がありません**。だから**「意識」を意識しないと、自由にどこへでも飛んでいってしまう**のです。

この「意識」を、時間は「**今**」、場所は「**ここ**（自分の肉体の内側）」に置いている状態が、センタリングできている状態です。

つまり、**今の自分に意識がある状態**。

今、私が何をしたいのか。今、私が何を感じているのか。今、私が何を考えているのか。

そこに意識が向いている状態ということです。

センタリングが難しい理由

センタリングができてくると、「**〝私〟がどうしたいのか**」が重要になってきます。まさに**自分軸**ですね。

ですが、日本人は特に、自分を表に出すのが苦手といわれます。昔から、周りとの〝和〟を大切にすることを教えられ、それが美徳とされてきましたから。

「自分よりも周りを大切に」

「自分の気持ちよりも周りの気持ちを考えて」

これって、僕の子どもの頃は普通に耳にするような言葉でした。自分を殺してでも周りと調和するのが大人であり、それができない人は不適合者――。

あえて強い言葉を使いましたが、僕たち日本人はこのような「自分」を出しづらい環境で育ってきたので、自分の表現をしながら自分軸で生きることは、意識しなければなかなか難しいのでしょう。

とはいえ、「この生き方だと不幸せだし、人生つまらない」ということではないことも知っています。

だって僕は、子ども時代はすごく楽しく幸せに育ってきたと断言できますし、大人になってからも、それなりには楽しんできたと思います。

どちらにしろ、大切なのは「自分がどうしていきたいか」ということ。

自分の本質に従って、自分軸で、自分の表現をしながら生きていきたいのであれば、センタリングは絶対的に必要となります。

センタリングによる効果

繰り返しになりますが、外側の世界ではなく自分の内側（自分の周波数）に意識が向くようになってセンタリングができてくると、今までのように、「周りにとってどうするのがいいのか？　周りから見て変ではないのはどれか？」ではなく、「**今、私はどうしたいのか？**」が、ベースとなる生き方へと変化していきます。

すると、今までの生き方に違和感を覚えるようになり、その違和感が生き方を変えるきっかけとなります。優先順位が周りから自分へ、他人軸から自分軸へ変わるわけですから、生き方が変わって当然ですよね。

そしてこの変化は、本当の自分が望む生き方への変化ですから、本当の意味での「自分」を生きることになっていくのです。

センタリングによって、このような効果が期待できます。

- 高い集中状態にある。
- 緊張しなくなる。
- 自分の感覚に敏感になる。
- 周りを気にせず自分の選択や表現ができる。

逆にセンタリングができていないと、こんな状態になりやすいでしょう。

- 意識があちこちに飛び集中できない。
- 緊張する。あがる。
- 自分が何を望んでいるのかわからなくなる（好きなこと・嫌いなことがわからない）。
- 人の目や言うことが気になり自分の表現ができない。

一例ですが、僕の場合、センタリングがだんだんできるようになって、自分に意識が戻っていったことにより、緊張しなくなりました。

想像してみてください。何十人、何百人、何千人の人が見ている壇上で、スピーチをするところを。

昔の僕だったら、息ができなくなるほど緊張したでしょう。

では、なぜ緊張するのでしょうか？　それは、「たくさんの人が私を見ている」「たくさんの人に見られている」という意識になるからです。

本当は、「たくさんの人を**自分が**見ている」だけなんです。

意識が他人側に飛んでしまうと、「たくさんの人が私を見ている」、または「私がたくさんの人に見られている」となります。

一方、**意識が自分の中にあると、「私がたくさんの人を見ている」**となるんです。

この違いが、緊張するか、しないか、になるんですね。

もっと言うと、センタリングできると、緊張が〝できなく〟なります。

そして、これは**いつでもどこでも誰といてもリラックスした状態**でいることにもつながりますから、本当に楽になるのです。

センタリング瞑想

①　事前にグラウンディングを行います。手は軽く組み、目を閉じてリラックスします。

②　「全意識を頭の中心に入れる」と意図します。頭の中心に透明なクリスタルでできたドーム型の部屋があるのをイメージして、その中に入ってください。

③　部屋は暗いので明かりをつけます。明かりをつけると部屋の中がよく見えます。すると、自分以外の人がいるのに気づくかもしれません。もし誰かいた場合は、「ここは私の個人的なスペースなので、この場所から立ち去ってください」と伝えます。すると、その人は壁を抜けるように部屋から立ち去っていきますので、その様子を見届けてください。

④　誰もいなくなった部屋を見渡すと、今度は部屋の中が散らかっていたり、汚れていることに気がつきます。イメージで光の掃除道具を作り出し、自由に掃除をしてください。部屋の床の中心には穴が開いており、そこはグラウンディングコードに直接つながっています。ごみや汚れをかき集め、グラウンディングコードに流すことで、地球の中心にそれらが送られ、浄化されます。自分が心地よく感じるまで掃除して、最後は掃除道具もグラウンディングコードに流してください。

⑤　部屋の中心に座り心地のよい椅子やソファーを用意して、ゆったりと腰かけてください。部屋は透明なクリスタルでできていて、周囲を３６０度見渡すことができます。この場所にいる心地よさやリラックスした感覚を感じてください。

⑥　頭上に意識を向けると、輝かしい黄金の太陽があります。これはあなたの非常に高い意識の象徴

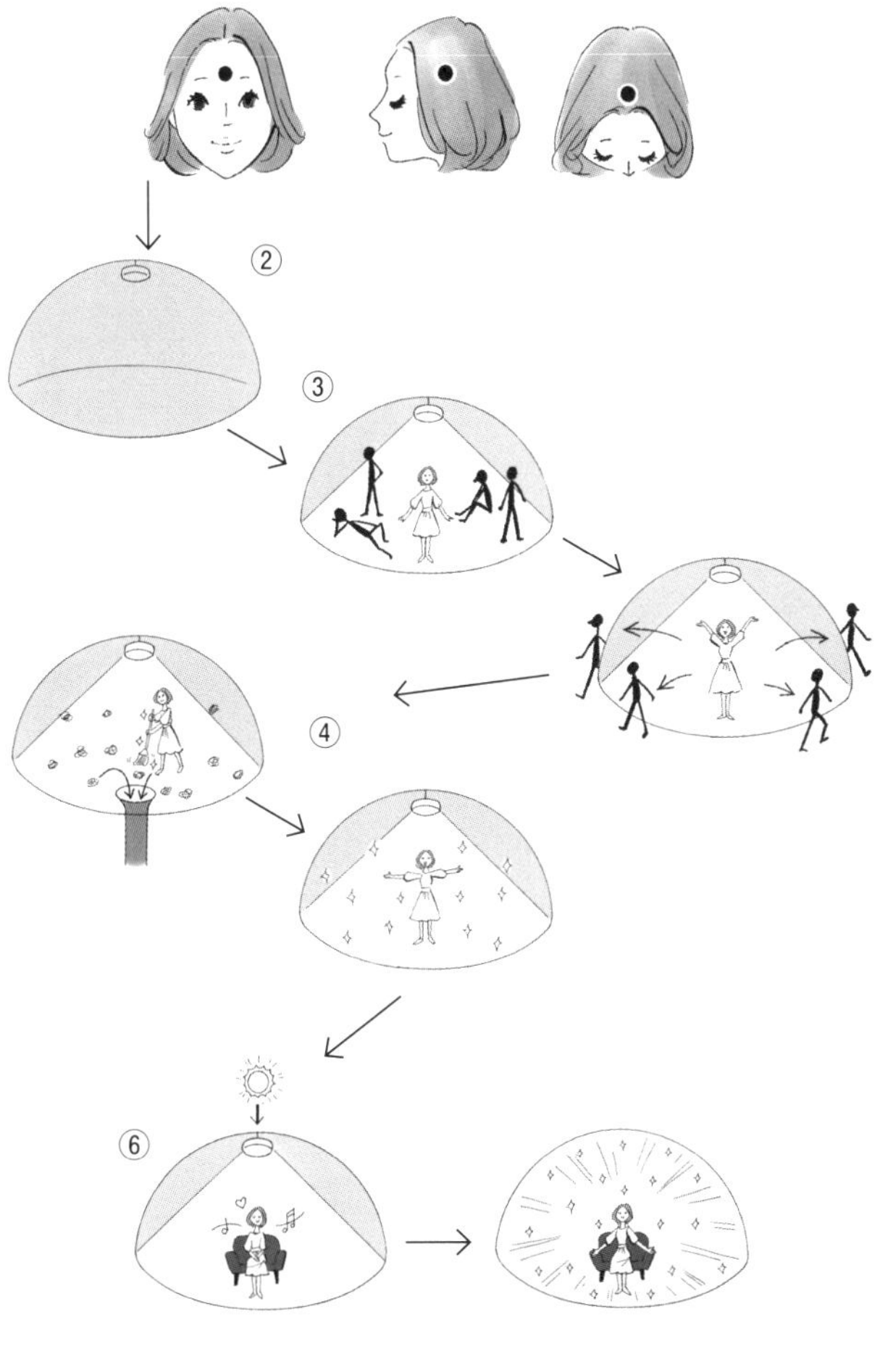
②
③
④
⑥

です。黄金の太陽がだんだん近づいてきて、部屋の中に入ってきます。部屋が黄金の光で満たされたら、この光の中で深呼吸をし、呼吸や皮膚を通して自分自身を光で満たしていきます。

⑦ 部屋と自分自身が光で充分に満たされたら、しばらく深呼吸してなじませ、心地よい感覚を感じながらゆっくりと目を開けます。

〈センタリングをサポートするクリスタル〉

◆グラウンディングをサポートする石（P58参照。センタリングとグラウンディングは密接に関わっているため）

◆シュンガイト

◆フェナカイト

ヒーリングクリスタル解説

◆フェナカイト（巻頭付録PⅢ参照）

稀少石。白く結晶するものが多いが、きれいなものは無色透明・柱状に結晶化する。特にミャンマー産は柱状に結晶化し質の高いものが多い。このクリスタルは非常に波動が高く、人間の本質と共鳴する。本質とは非常に高い波動&意識状態にある。また第3の目にも共鳴し、松果体を活性化することで本質的な視点、つまりすべての出来事は自分がつくり出しているという視点に立つことをサポートする。持つことで本質を引き出す、つまり無意識的な行動にも本質が現れることになる。

クリスタルワーク

①　目を閉じても思い出せるくらいに、フェナカイト（原石でもアクセサリーでも可）をいろいろな角度からよく見ます。

②　そのフェナカイトが目の前でどんどん大きくなり、自分が入れるくらいの大きさになるのをイメージします。

③　その中に足を一歩踏み入れ、フェナカイトの中心に立ちます。カチッとはまったその場所が、あなたの世界の中心です。その場所の心地よさを感じながらゆっくりと深呼吸をします。

④　するとフェナカイトが、キラキラした光の粒子となっていきます。その光を皮膚や呼吸を通してすべて吸収し、自分の輝きを感じてください。一度大きく深呼吸をしてエネルギーを馴染ませたら、ゆっくりと目を開けましょう。

クリスタルヒーリング

散漫になっているエネルギーを自分に戻し、松果体を浄化・活性化します。意識が自分の内に戻ることで、自分の世界の中心は自分であり、自分が世界を創造しているという視点へと近づけるでしょう。

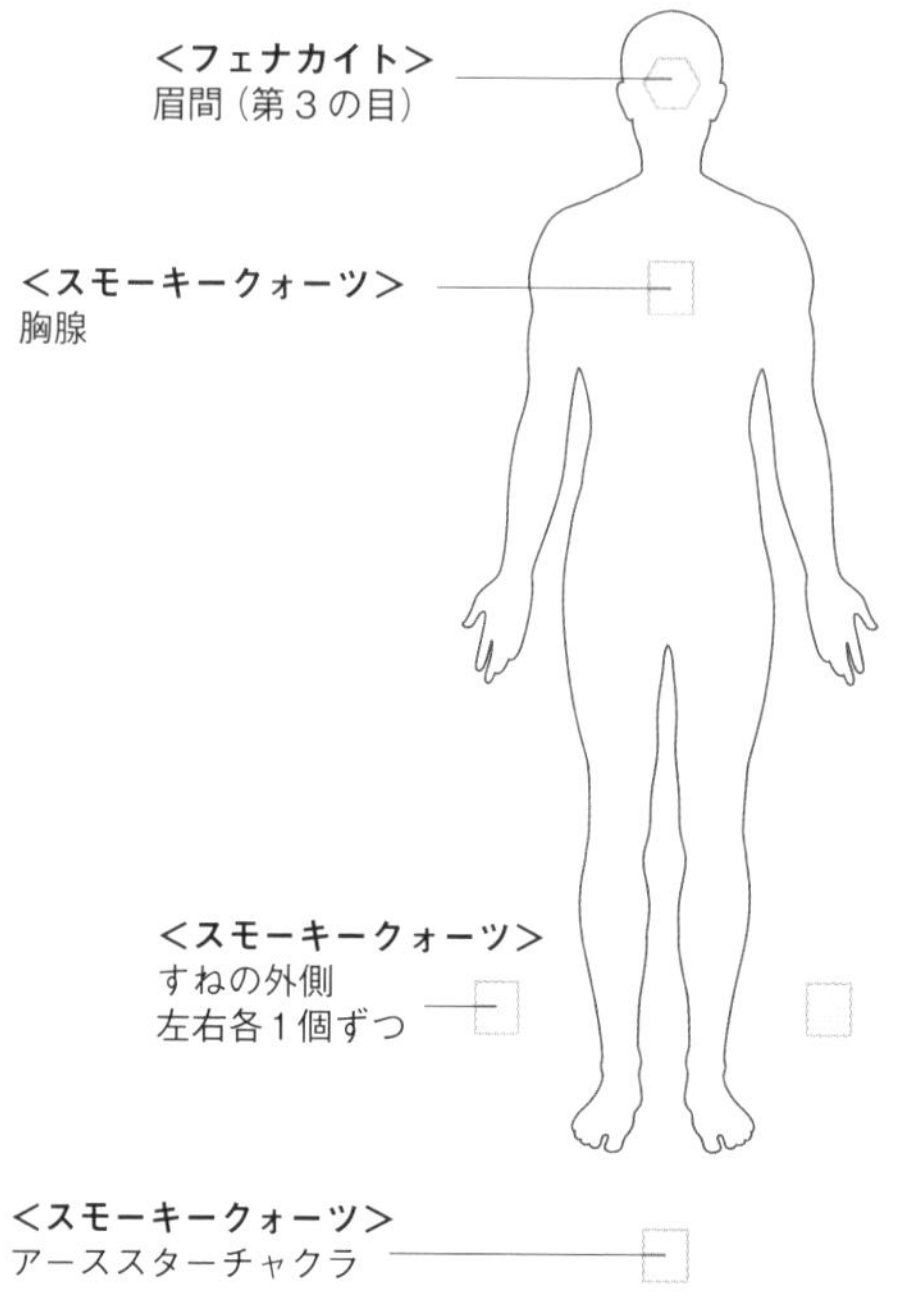

＊**使用するクリスタル**：スモーキークォーツ4個、フェナカイト1個

＊**方法**：仰向けになり、図の位置にクリスタルを配置します。３〜５分経過したらクリスタルを外してください。

第5章

ハートを開いて、クリスタルのような人に！

本当の自分につながる【ハートを開く】とは？

ここまでで、グラウンディングをすることで安定したエネルギー状態になり、センタリングをすることで意識が「他人軸から自分軸」の状態に変化することをご説明してきました。センタリングにより、次のようにあなたの意識は変わったはずです。

「他人軸＝周りに合わせて頭を使う生き方」から、
「自分軸＝自分のために**心（ハート）に従う**生き方」へ。

心の声を聴いて、それに従っている状態の時、僕たちのハートは開いています。

ハートを開くことが難しい理由

でもここで、ひとつの問題が出てきます。せっかく自分のハートに意識が向いたのに、それまでハートの声を聴かずに生きてきたため、ハートの声が聴こえない、ということです。

ハートは本当の自分につながっている場所ですから、本当の自分の声が聴こえないということ。つまり、今ここで、自分が何をしたくて、何をしたくないのかが、わからないということになります。

じつは、こういった悩みを持っている人は少なくありません。多くの場合、今まで何らかの役割の中で真面目に生きてきた人です。

親として、妻として、夫として、大人として、子どもとして、人として、または兄や姉、弟や妹として、社長として、社員として……。そのように、人間社会における役割は、星の数ほどありますから。

役割があるのであれば、それを遂行していくことはもちろん大切ですが、優先順位が、

自分∧役割

となりがちです。

そうやって生活をしていると、自分が何をしたいのか、何を感じているのかは関係なく、役割をしっかりとまっとうすることが大切となります。

そのためには、やりたいことを我慢して、やりたくないことをやる、というケースも多いでしょう。

というかそれが当たり前でしたよね。

これが、今までの時代、まさに地の時代の生き方です。

僕もそうでしたが、今までの生き方に慣れていると、ハートは閉じていきます。

でも、時代は風の時代へと突入。この生き方を続ける必要はもうありません。続けるか続けないかは、自分次第です。

これからは**役割に自分があてはめられていくのではなく、自分が自分として役割を遂行していく**、というかたちへと変化していくでしょう。**役割ではなく、自分が優先**ということです。

ハートは〝感じる〟場所。つまり、**自分が何を感じているかを感じる場所**です。

やりたいことを我慢して、やりたくないことをしながら生きるのは、誰にとっても心地よくありません。ツラいと感じるかもしれません。だから、ハートを閉じて、その心地よくない感覚を感じないようにしながら生きるのです。自己防衛の反応ですね。

でもそれと同時に、自分がワクワクすることや、興味があることに対しても感じにくくなっていますから、自分が本当に何をしたいのかがわからなくなっていきます。

わからないから、頭（思考）を使い出す。そして理由を付け出します。たとえば、今後のキャリアとして役に立つから、役に立たないから。家族が望んでいるから、望んでいないから。

そのように、何をするにしても、しないにしても、理由が必要になってしまうのです。

こうしてハートを使わなくなっていくので、ハートはさらに機能しなくなり、本当の自分の望みが余計わからなくなって、自分らしさから遠ざかっていくことになります。程度の違いはありますが、自分の好きなものを好きとわからず、嫌いなものを嫌いとわからず生きているのですから、自分らしさとはかけ離れていってしまうのです。

こうやって、僕たちは多くの場合、ハートを閉じやすい環境の中で、ハートを閉じて生きてきました。

あなたはいかがですか？

ハートを開くことによる効果

- 本当の自分が今、何を感じているのか、何を望んでいるのかに気づくことができる。
- 直感的にハートの感覚を使い、物事を選択することができる。
- 自分が感じていることの大切さを理解できるようになる。
- 自分の感覚を信頼できる。
- 自分自身を信頼できる。

ハートは**自分の魂（本質）＝本当の自分**につながっている場所なので、センサーの役割を果たしています。ハートのセンサーとは、自分の本質がそのタイミングで何を望んでいるのか、何を必要としているのかを判断するセンサーです。

そしてすごく簡単にいうと、ハートのセンサーは、「**心地よいか心地よくないか**」「**しっくりくるかしっくりこないか**」の感覚で判断します。

心地よい感覚であれば自分の本質の声に従っている状態。心地よくなければ従っていない状態という判断です。自分にとって心地よい感覚を選択していけば、それは自分の本質を生きることになるのです。

ですから、**あなたが何かにワクワクするのであれば、心惹かれるのであれば、それはあなたの本質**（つまりあなた自身）**が望んでいる、必要としている**ということです。

それが、あなたがワクワクする理由です。

ハートのセンサーが何に反応するかは、一人ひとり違います。本当の自分が何を望んでいるかは、一人ひとり違うということです。

ですから、何が好きで何にワクワクするかは、人によってまったく違って当然です。人と比べる必要もないし、比べる意味もありません。自分のセンサーが何にどう反応しているのかは、自分にしかわからないからです。

つまり、**本当の自分が何を望んでいるのかは、自分で感じて判断するしかない**、ということです。

みんながそうしているから、期待されているから、必要としてくれているから……という理由は、本当の自分にとっては何の意味もないことです。

ですから、自分の本質を生きるためには、このハートのセンサーを復活させること、つまりハートを大きく開いていくことが必須となります。センサーが復活すれば、あとはそのセンサーが示す感覚に従っていけばいいのですから。

また、ハートを開くことによって、僕たちはより直感的になります。

今までは「あーだこーだ」と考えて決めていたことが、「これっ！」と決められるようになります。「今この瞬間にハートが惹かれるものを選択するだけ」というスタンスになるので、余計な時間やエネルギーを使わずにすむでしょう。

結果的に、本当に自分が惹かれるもの、惹かれる選択に、時間もエネルギーも注ぐことができるようになるのです。

ハートのセンサーを復活させる方法　～頭（思考）を使わず、ハートの感覚に意識を向ける～

思考は顕在意識なので、自分で「あ、今、私は考えている」と気づけます。その時に思考を止めて、ハートに意識を向けましょう。

たとえば、レストランで料理を選ぶ時。

「これ食べたいけど、昨日も食べたし今日は違うのにしようかな」

「お肉食べたいけど、カロリー控えめのお野菜にしようかな」

このように「考えている」ことに気づいたら、思考を止めてみましょう。

そして、頭に向けていた意識をハートに向けて、「ハートはどう感じているかな」って感じてみる。

そして、ハートの感覚が心地よい、軽やか、しっくりする、ワクワクすることを選択してみてください。

日常のあらゆる選択に対して頭で考えて判断するのをやめて、ハートに意識を向け、ハートを使う・感じる練習をしていくことで、ハートの機能が徐々に復活していきます。

ハートに意識を向けるということは、ハートに**「意識」というエネルギーを注ぐ**ことと同意です。エネルギーが注がれるので、それだけでもハートは自動的に活性化していきます。

〈ハートを開くことをサポートするクリスタル〉

◆クンツァイト

◆ローズクォーツ

◆ロードクロサイト（インカローズ）

◆モルガナイト

◆エメラルド

◆グリーントルマリン

◆ピンクトルマリン

◆マラカイト
◆その他、ピンクや緑系の石

ヒーリングクリスタル解説

◆クンツァイト（巻頭付録PⅣ参照）

ハートに共鳴するクリスタルの一つ。その中でも博愛・無条件の愛などハートの高い資質と共鳴する。このクリスタルは条線が入った状態で結晶化する。条線はエネルギーを流しやすいクリスタルの特徴。長年ハートに刻まれた傷やトラウマなどを洗い流すように癒し、本来の愛の資質を取り戻すことを得意とする。

◆クリスタルワーク

① 胸の辺りにあるハートチャクラ（チャクラについてはP111参照）に意識を向けます。
② その場所はかつて、穴のように大きく開き奥深くへと続き、その最奥部にはあなたの純粋なハート（ぷっくりとした発光するハートの形でイメージしましょう）が純白の光を放っていました。しかし、今世だけでなく輪廻転生を繰り返す中で、あらゆるかたちであなたは傷つき、諦め、我慢しながら生きてきました。ハートは傷つき、本来の輝きを失い、またこれ以上傷つかないようにあなたはハートに続く穴を塞いだのです。身近にあるいろいろな理由、理屈、比較、すり替え、

ありとあらゆるものを使いその穴を塞ぎ、あなたのハートにこれ以上傷がつかないように施しました。それが時間とともに、ガッチリと化石のように固まり、ブロックとなりあなたのハートを塞いでいるのをイメージしてください。

③ クンツァイトを手に持ちます。あなたはこのクリスタルのエネルギーを使い、「本来の純粋なハートを取り戻す」と意図してください。

④ あなたが傷ついた、傷つけられたという経験は、体験のためにすべて自分がつくり出したものということも思い出してください。

⑤ それらの経験があったからこそ、できた体験や学びがあり、あなたはその先へと成長できたのです。ですからすべて何もかもすべて、必要な体験として自分でつくったものであったことを知ってください。

⑥ クリスタルからピンクゴールドのエネルギーがハートに向かって流れ込んでいきます。これは、純粋な「愛」のエネルギーです。

⑦ そのエネルギーは徐々に地層に浸み込むかのように隙間を通り、ハートの奥へ向かって浸透していきます。同時に、フタとなっていた化石のように固まった部分も、外側から溶かされていきます。

⑧ クリスタルのエネルギーをしばらく取り込んでいると、浸み込むエネルギーが最奥部へと到達します。そこには傷つき、壊れ、輝きを失い、本来の機能を果たせなくなったハートが存在しています。このエネルギーは純粋な愛のエネルギー。つまり本来の純粋なハートと同じエネルギーで

す。傷ついたハートに浸透することで、傷がみるみる修復され、本来の機能が取り戻され、徐々に光を放ちだす様子を見てください。

⑨　イキイキとした純粋なハートが、最奥部で光を強力に放ちだすのを見てください。

⑩　ハートの純白の光とクンツァイトのピンクゴールドの光が共鳴し、増幅することでハートを塞いでいたブロックが一気に溶かされ、内側から放たれる光に押し流されていきます。

⑪　こうして本来のあなたの純粋なハートは復活しました。ハートの感覚に従い、あなたという存在を自由に表現していきましょう！

クリスタルヒーリング

クリスタルのエネルギーを注ぐことで、純粋なハートを呼び起こします。ハートから溢れる愛の波動を肉体レベルへと浸透させることで、肉体的な回復も期待できます。

＊使用するクリスタル：クンツァイト1個、グリーントルマリン8本（内向きと外向きを交互に配置）、ヘマタイト2個

＊方法：仰向けになり、次のページの図の位置にクリスタルを配置します。3～5分経過したらクリスタルを外してください。

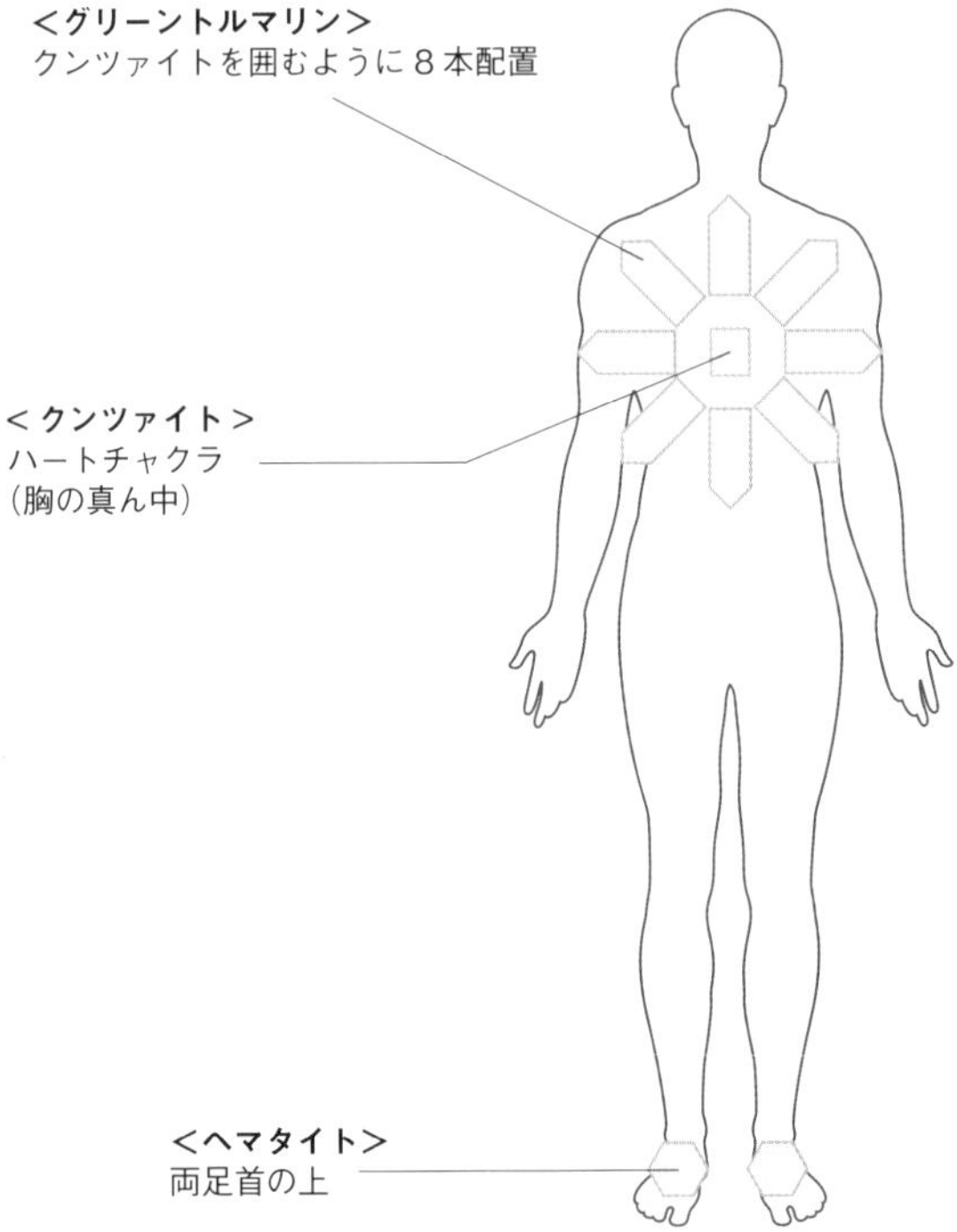
＜グリーントルマリン＞
クンツァイトを囲むように８本配置
＜クンツァイト＞
ハートチャクラ
（胸の真ん中）
＜ヘマタイト＞
両足首の上

第6章

不快感を手放し、クリスタルのような人に！

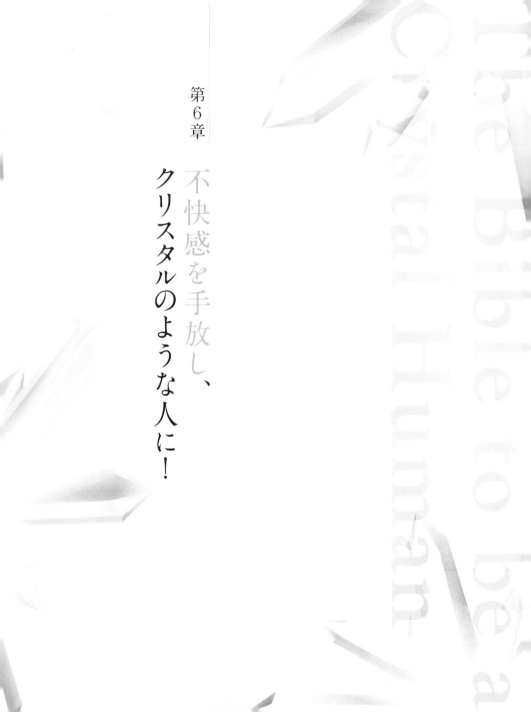

不純物を取り除く【不快感を手放す】とは？

前章でお伝えした方法でハートを開いていくと、〝感じる〟機能が復活していきますから、心地よい感覚も心地よくない感覚もしっかりと感じられるようになります。そして、この心地よくない感覚を感じたくないから、僕たちの多くはハートを閉じて、思考を使い、他人軸で生きてきたというのは、前述のとおりです。

ですからハートを開いた時、この心地よくない感覚（周波数）に対処する必要があるわけです。

それが、自分の本質ではない不快感を手放す、ということです。

今までは「心地よくない感覚を手放す」という概念が、あまりなかったかもしれません。手放すのではなく、気にしない、気を紛らわす、気持ちを切り替える、時間が経つのを待つ、誰かに話す、理由をつけて納得する、ため込む……などがほとんどだったことでしょう。または手放したとしても、一時的な対処法という認識が多かったのではないかと思います。

でも、**今は簡単に手放せます**。これは、お金や物質が大切とされた重たい地の時代から、情報や波動が大切とされる軽やかな風の時代へと移り変わった、時代の流れによる作用も大きいでしょう。

出版記念ワークショップ

古代叡智のパワーを持つ石の魔法を活用し、
本来の高い波動を取り戻す

本当の自分に一致し、クリスタルのように生きる方法

クリスタルヒーラー&ティーチャー **森田真文**さん

2021年10月24日(日)10:30〜17:00（昼食休憩あり）

| 料金 28,000円(税込) | 会場 東京都大田区(産業プラザPiO) |

精霊入りの石とともに、風の時代に“成光”する生き方へエネルギーシフト

石が持つ本来の潜在能力を引き出すべく、アースエンジェルとして石の魅力と活用法を伝えているクリスタルティーチャーの森田真文さん。急速に時代がシフトしたいま、私たちは新たな時代の流れに乗り、対応させていく必要があるといいます。それには非常に高い波動を保ち、古代叡智のパワーを備えている、クリスタルたちが大いに助けとなります。私たちの意識が上昇しているのと同様に、クリスタルも本来の力(魔法)を発揮しようとしており、長い眠りから復活し始めているのです。ここでは、クリスタルに凝縮されたエネルギーを、意図によって適切に使うことで、私たち人間のエネルギーを大きく変化せていく方法や、風の時代に対応し、本当の自分の生き方へと、エネルギーレベルからシフトしていくための、さまざまなクリスタルの活用法を、実践を交えながら学びます。当日は、クリスタル王子、森田さんが1つひとつ選び抜いたクリスタルたちを使用。石の力を適切に活用することで、通常では現れないような変化を、簡単に引き起こす魔法を習得し、最終的にはあなたがクリスタルように軽やかに、そして、自身の力を発揮して生きられるようになっていただくためのワークショップです!

セミナーのお申し込み&情報はこちらをご覧ください。

そのほか、アネモネ開催のイベントはこちらより

アネモネワークショップ　検索

お問い合わせ　ビオ・マガジン TEL：03-6417-9490
E-Mail：workshop@biomagazine.co.jp

不快感を手放せない理由

心地よくない感覚（周波数）というのは、本来、軽やかで自由な存在である僕たちが、その重い周波数を感じているだけです。ですから、その周波数を手放していくことで、だんだんとその感覚を感じられなくなっていく（その現実を創造しなくなっていく）ことになります。

第1章でお伝えしたことを、ここでもう一度おさらいしましょう。

自分の現実とは、すべて自分のエネルギーの反映でしたね。楽しいこともツラいことも、すべて自分のエネルギーが投影されているだけです。

イヤなことがあった、傷ついた、人間関係に問題があるなどの現実が起きたとしても、それらはすべて自分自身のエネルギーの反映にすぎません。本来軽やかなあなたが、重い周波数を使って創り出しているにすぎないのです。

自分のエネルギーさえ変えていけば、あなた自身もあなたの人生も、如何様《いかよう》にも変化させていくことができる、ということです。

今がどんな状況だとしても、それを創り出している周波数を手放しさえすれば、ウソのように自分自身の感覚や現実が変化していくことを体験するでしょう。

では、なぜ手放せないのでしょうか？

それは、手放せると思っていないから。手放したことがないから。手放す方法を知らないから。

さらに、**自分の感情や感覚を何かと関連付けている**ことも要因でしょう。何かのせいで自分はこう感じているから、それが変わらなければ自分の感覚も変わらない、と思い込んでいるのです。

あなたが何かを感じていることに理由はありません。

あえて理由を付けるとするならば、**あなたがその周波数を持っているから**。これだけなのです。

不快感を手放すことによる効果

あなたが心地よくないと感じる周波数を手放せば手放すほど、あなたは本質へと近づき、軽やかで自由で豊かな現実を創造していくことになります。結果として、あなたの現実もどんどん変化していくでしょう。

- 手放すことで波動が上がり、本来の軽やかな意識状態へと意識が開いていく。それまでは気づかなかった自分の能力や資質、可能性に気づくことになる。
- 重い感情から解放され、常に心地よく生活ができる。
- 重い感情が出てきても手放せることを知っているので、いちいちとらわれない。
- 失敗や挫折と感じるような経験をしたとしても、自分がそれを創り出しているだけ（その周波数を持っているだけ）という認識があるので、恐れず自分の道を進んでいける。
- 手放すことによる自分の体感の変化や現実的な変化を通して、自分の現実は自分が創っているということを深い部分で理解するようになる。
- 〝何が起きても大丈夫〟という意識で自分の人生を進めていくことができる。

虹の光で不快感を手放す

虹を見ると、誰もが心地よい感覚を覚えます。ワクワクしたり、希望が湧いてきたり、ラッキー！って思ったり、祝福されている感覚になったり……。なぜなら、虹がそういう性質のエネルギーを持っているからなのです。虹の光は、波動を引き上げる性質、エネルギーのバランスをとる性質を持っています。

虹の光は僕たちを本質へと導く光ですから、とても便利に活用できるのです。

① 胸やお腹など、不快感や違和感を感じる場所に、両手または片手を置きます。その違和感や不快

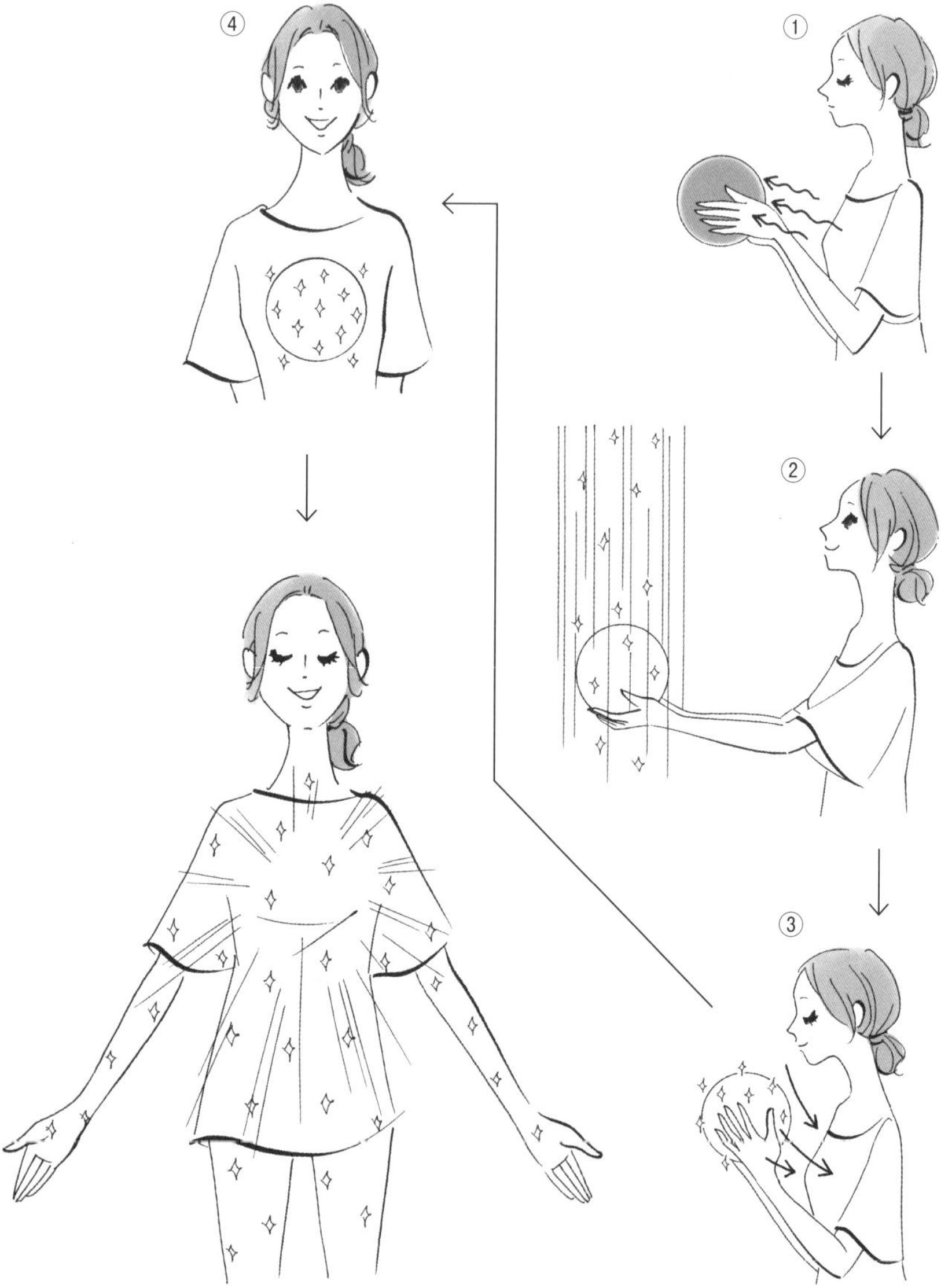
④
①
②
③

感を真っ黒に汚れている大きくて重い石や鉄の球体のようにイメージします。それを実際の手とイメージを使って体から取り出し、腕を伸ばして自分の目の前に出してください。

②　上空から虹の光が滝のように流れ、その球体に注がれます。その虹の光は球体の外側だけでなく内側にも浸透し、黒色や汚れを細かい所まで全部洗い流していきます。

③　球体は徐々に透明になり、完全にクリアな球体となります。そのまま虹の光を吸収し、最終的にシャボン玉のような虹色の美しい球体となります。

④　吸う息とともにその虹色の球体を体の中に戻します。次の呼吸で虹の球体は破裂し、虹の光の粒子が全身に広がっていきます。最後に一度大きく深呼吸して、虹のエネルギーを全身に馴染ませましょう。

〈不快感を手放すことをサポートするクリスタル〉

◆アメジスト

◆エンジェルオーラ

◆アイリスクォーツ（虹入りクリスタル）

ヒーリングクリスタル解説

◆アメジスト（巻頭付録ＰＶ参照）

誰しもが知っているクリスタルの一つ。「浄化と変容」の紫色の石。地の時代から風の時代へと地球レベルで変容を遂げようとしている僕たちが今まさに必要としているクリスタル。闇を浄化し光へと変容する紫色の炎（ヴァイオレットフレイム）と共鳴する。また、（お酒に）酔わない石ともいわれる。これはお金や権力、その他の誘惑にも酔わないという意味もあり、自分で自分をコントロールできる精神状態を保ち、自分の真実からブレないことを助けるクリスタルでもある。

クリスタルワーク

あなたが心地よくないと感じるタイミングは、本来のあなたのものではない周波数が出てきているということ。**心地よくないという感覚は、あなた本来のものではないというサイン**です。つまり、手放せるということです。こうしてあなたの中にある不純物を手放せば手放すほど、あなたは純粋なあなただけのエネルギーの結晶体（クリスタル）として、本来の輝きを取り戻していくことになります。

① 不快感を感じている体の部位にアメジストを当ててください。

② その不快感を、意図とイメージを使いアメジストの中へと移します。もし入りきらないと感じたら、イメージの中でアメジストをどんどん大きくしても大丈夫。とにかくその不快感をアメジストの中へと移してください。

③ すべて移せたと感じたら、当てている部位からアメジストを離し、腕を伸ばしてそのアメジスト

を少し遠ざけるか、少し離れた場所に置きましょう。

④　するとはるか上空、宇宙の果てから、紫色の光線がレーザーのようにアメジストへと降り注ぎます。その強力な紫のエネルギーとアメジストのエネルギーが共鳴し、爆発した炎のようにアメジストの内部と外部を紫色の炎が包み込むのをイメージしましょう。

⑤　この炎により、あなたの手放したい重い周波数は純粋なエネルギーへと昇華し、キラキラした光の粒子となって漂います。その光の粒子をイメージや呼吸を使って吸収し、光り輝く自分自身を感じてください。

クリスタルヒーリング

浄化と変容の炎に包まれることで、肉体・思考・精神あらゆるレベルのヒーリングを起こします。本来の自分のものではない重い周波数を浄化し、本質へと近づきます。

＊使用するクリスタル：アメジスト13個

＊方法：仰向けになり、次ページの図のように、体の周りに均等に12個のアメジストを配置し、不快感を感じる体の部位に13個目を配置します。3～5分配置したらクリスタルを外してください。

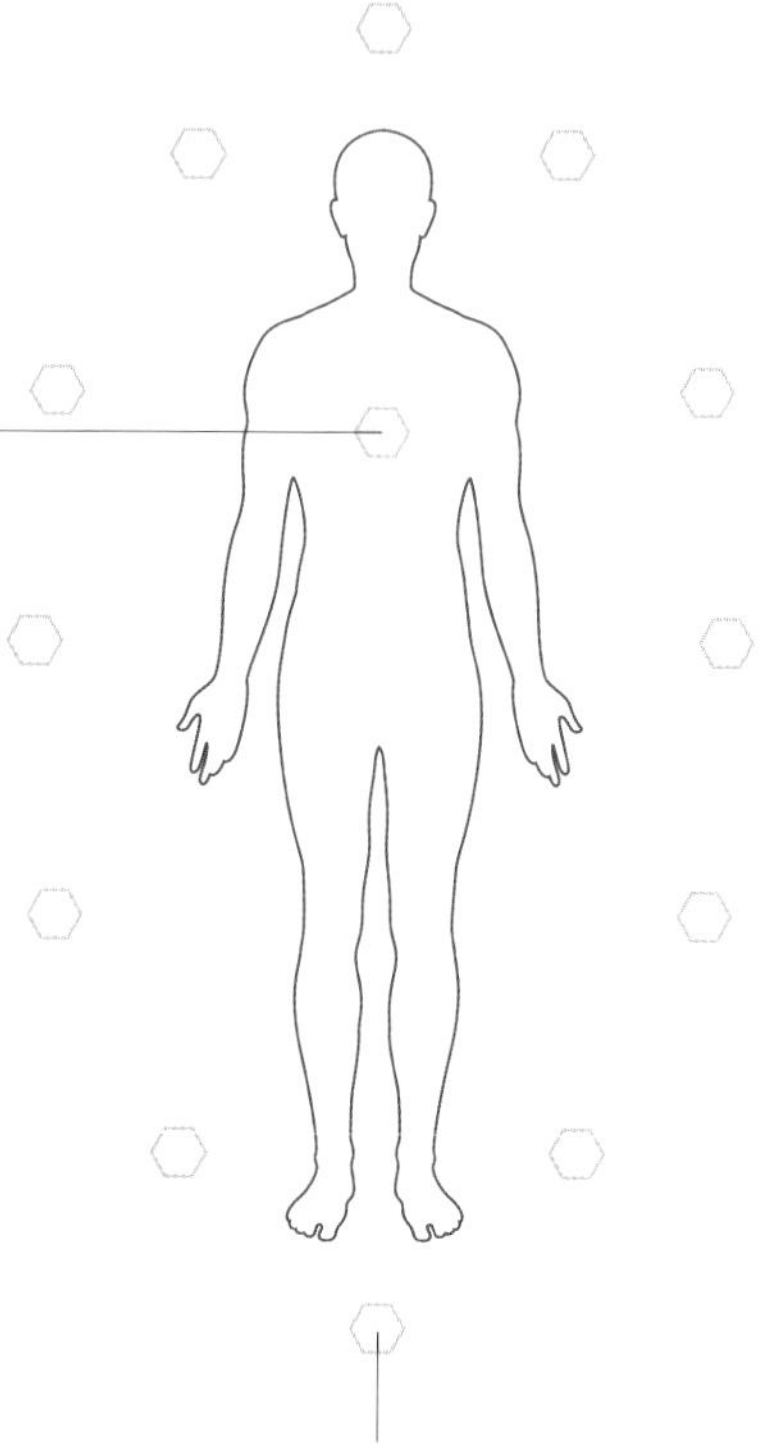

13個目は不快感のある
部位に置く

先端のあるアメジストは
先端を体に向くように内向きにする

第7章

自己表現で、クリスタルのような人に！

自分の光を放つ【自己表現】とは？

いよいよ本質を生きるための最後のポイントです。それは、「**自己表現**」、つまり自分の表現をするということ。

これは、**あなたが本当のあなたとして生きる**という意味です。

ハートが開き、ハートのセンサーが復活し、ハートを閉じる原因となっている周波数を手放したら、あとは**ハートの感覚に従って〝表現〟する**だけです。それがあなたの本来の表現になります。あなたの真実の表現といってもよいでしょう。

この表現というのは簡単にいうと、あなたがやりたいと感じることをやって、やりたくないと感じることをやらないということ。言いたいと感じることを言って、言いたくないと感じることは言わないということ。食べたいと感じるものを食べて、食べたくないと感じるものを食べないということ。

そう、すごくシンプルなことなんです。このシンプルな生き方ができていれば、何も問題はないでしょう？　何かに悩む隙すらありませんよね。

自己表現が難しい理由

こんなにシンプルなことなのに、いつも自分を表現しながら生きている人は、ほとんどいないのではないでしょうか？

これはじつに不思議なことです。裏を返せば、ほとんどの人がやりたくないことをやって、やりたいことをやらずに生きているということですから。

でも今までの生き方に慣れている人にとって、自分の表現が簡単ではないこともわかります。

では、なぜ自分の表現ができないのでしょうか。

それは、自分のハートの感覚に従って本当にやりたいことをすると、やりたいことなので心地よい反面、それに伴って必ず心地よくない感覚が出てくるからです。

その心地よくない感覚を感じたくないから、やらないのです。やりたくないことをやる時も同様です。

ちょっと想像してみてください。

やりたいと思っているのに、**今していないこと・今できていないことをやったとしたら？**

やりたくないと思っているのに、今やっていることをやめたとしたら？

自分のハートの感覚（本質）に従っているはずなのに、心地よくない感覚も湧いてきませんでしたか？


たとえば、あなたがハートの感覚に従って、次のような表現をしたとしましょう。あなたの中に、どんな感覚が湧いてきますか？

＊急に思い立って3泊4日の旅行に行く。
＊上司や部下、または家族に言いたいと思っていることを言う。
＊高級レストランで美味しいものを食べる。
＊友人からのあまり気が乗らない食事の誘いや飲み会の誘いを断る。
＊自分に合っていないと思っていた仕事を辞める。
＊今日は夕食を作りたくないから出前を取る。

↓

＊自分だけ楽しんで申し訳ない〔罪悪感〕
＊上司や周りからの評価が下がるのではないか〔不安・無価値観〕

＊お金が減ることへの心配［不足感］
＊友達から誘われなくなるんじゃないか［孤独感・罪悪感］
＊自分のやりたい仕事でやっていけるのだろうか［不安・疑い］
＊家族に何か嫌味を言われるのではないか［嫌悪感・不足感］

理由や感覚はあくまで一例ですが、何かしらの不快感が湧いてきたのではないでしょうか。**この不快感こそ、あなたが自分自身の表現を妨げていたもの**です。

そしてその周波数が、自分の表現ができないという現実を創っているのです。

逆に、この不快感が出てこないのであれば、あなたは自由に自己表現しながら生きていくことができるということです。

では、どうしますか？

そう、**手放していけばいい**んです。

自分のハートの感覚に従うことで、自分の内側にある重い周波数があぶり出され表面化します。今までは**重い周波数が出てこないように（感じないように）自分の表現をしない**、という選択をしていましたが、今は簡単に手放すことができます。

こうして、**自分を制限している重い周波数を手放しながら自分の表現をしていく**というのが、これからの風の時代の生き方です。

自分を表現することによる効果

自分の表現をするということは、自分の周波数を周りに放つということ。たとえば、「チョコレート好きなんだ！」と言っている友達がいたとしましょう。お店でチョコを見かけたら、「あ、そういえばチョコ好きだって言っていたな」と思い出してプレゼントしたりしますよね。

その友達は「好き」と表現したことにより、その表現に見合ったものを手に入れています。簡単な例えですが、すべてにおいてこの法則は当てはまります。すべては波動（エネルギー）ですから、表現に見合ったものが、共鳴して現れるのです。

表現をするということは、違う言い方をすると、宇宙に向かって「私はこういう存在ですよ！」と宣言していることと同じです。**宇宙は発信したものを与えてくれますから、表現はとても重要**なんです。好きでもないのに好きなフリをしたり、欲しいのに欲しくないと言ってみたり、自分に一致していない表現をすると、自分に一致していないものが現れます。

だから、ハートに従った表現をいつもすること、またはしようとすることはとても大切なのです。それができた時あなたは、**あなたの真実に一致したものを手に入れる**ことになるでしょう。

そして、表現しようとしてできない時は、できない理由となっている不快感が出てきている、または出てこようとしている時ですから、その不快感を手放していけばいいんです。

不快感を手放してどんどん軽やかになることで、あなたの意識はどんどん広がり、あなたの可能性はどんどん広がっていきます。

たとえば、熱気球は砂袋を外して軽くなると、どんどん浮上していきます。そして、浮上すると同時に、見える景色がどんどん広がっていきますよね？

同じことがあなたの意識の中でも起きます。つまり、今まで見えなかった自分の可能性に気づけるようになるのです。

自分の新たな可能性に気づきながら、表現の幅をどんどん拡大しながら生きることになるので、この生き方は楽しくて仕方ないはずです。

こうやって、常に自分のハートのワクワクに従いながら生きていけることが、風の時代を生きる人の特徴でしょう。

- ありのままの自分らしさが発揮され輝きが増す。
- 自分のハートに沿った生き方になるため、自分が満たされていく。
- 表現する、またはしようとすることで、その表現の妨げとなっていた周波数が不快感としてあぶり出される。その不快感を手放すことで表現の幅が広がっていく。
- 表現をして、あぶり出された周波数を手放して……を続けることで、意識はどんどん軽やかに広がり、自分のさらなる可能性が開花していく。
- 個性を発揮することの素晴らしさを知るようになり、個性を発揮している人を認め受け入れることができるようになる。違いを違いとして認める意識となる。
- 感情・思考・表現が一致し、望むものがどんどん形となり、奇跡のような体験が始まる。

〈自己表現をサポートするクリスタル〉

◆アクアマリン
◆ブルートパーズ
◆ブルーサファイア
◆ブルーレースアゲート
◆ラリマー

ヒーリングクリスタル解説

◆アクアマリン（巻頭付録PⅥ参照）

きれいなライトブルー色のクリスタル。透明度の高いものは宝石としても古くから用いられている。水の流れのように軽やかなエネルギーが、スムーズなコミュニケーションをサポート。表現することへの恐れやブロックを取り除き、真実の表現、ありのままの自分を引き出してくれる。また、鬱屈《うっくつ》している感情や長年ため込んできたものを洗い流し、本当の自分を解放することを助ける。

クリスタルワーク

長年にわたりあなたの中に留まっているものを浮き彫りにし、解放するエネルギーをもつアクアマリンの光を使って、表現することを妨げている喉のチャクラの詰まりを取り除いていきます。喉のチャクラは、あなたの真実の表現を司っている重要なエネルギーのポイントです。

「表現」とは、言う・話すだけではなく、全身を使ったあなたの表現です。表現していくことこそが、**あなたがあなたとして生きている意味**そのものなのです。

① アクアマリンを手に取りよく見ます。しばらくするとアクアマリンが輝き出し、美しいアクアマリンブルーの光を放ち出します。

② その光を喉のチャクラから意識的に吸い込んでください。

③　吸う息とともに、その光を喉のチャクラからゆっくり吸い込みます。その光は喉のチャクラに浸透し、喉に溜まっているもの（言いたくても言えなかったこと、したくてもできなかったという思い、我慢しなければならなかった気持ちなど）を絡め取ります。そして吐く息とともに、それらが解放されていくのを感じます。

④　この呼吸をしばらく続けてください。すると喉のチャクラのより深い部分へ、アクアマリンブルーの光が届いていくのを感じるでしょう。深い部分に溜まっていたものも徐々に絡め取られて解放されていきます。これには今世のものに限らず、過去世やあらゆる次元のものも含まれます。

⑤　喉のチャクラが本来の機能を取り戻し、美しいロイヤルブルーの光を放射し始めます。

⑥　今度はそのロイヤルブルーとアクアマリンブルーの混ざり合ったエネルギーが喉から全身へと広がり、細胞の一つひとつへと浸透していきます。細胞一つひとつが美しいコントラストのブルーの光に満たされて輝き出し、全身が発光するのを感じてください。

⑦　この光り輝く状態が、自分自身の真実の表現を楽しんでいるあなた自身です。この時のあなた自身の感覚に意識を向けてゆっくりと深呼吸していると、だんだんと光が落ち着き、新しいエネルギーがしっかりと定着し、根付いていきます。

⑧　一度大きく深呼吸をして、ゆっくりと目を開けてください。自信を持ってあなたの表現を楽しんでください。

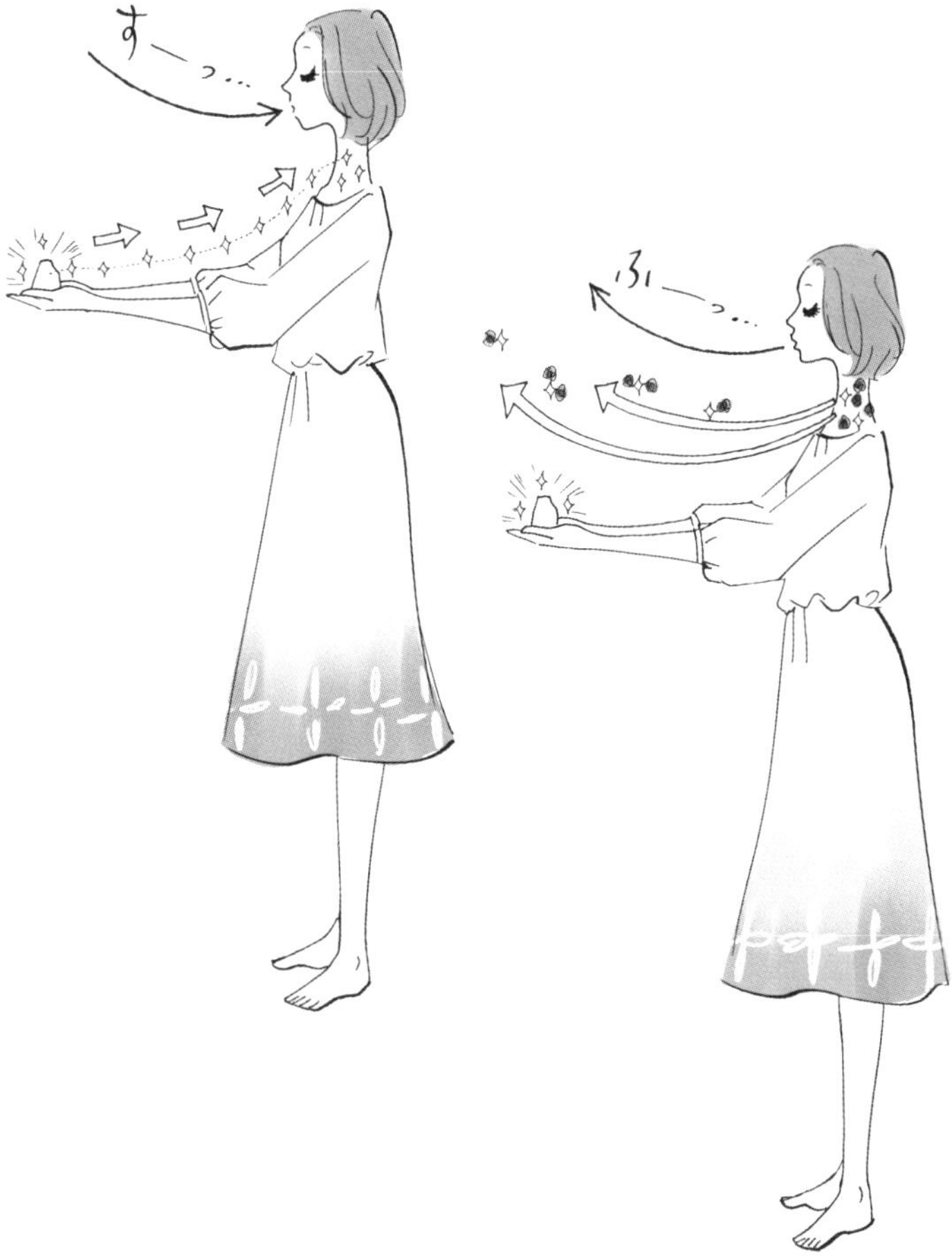
すーっ…
ふーっ…

クリスタルヒーリング

喉のチャクラの詰まりをとり、真の自己表現を取り戻します。また、全身を使ってその表現をしていく「自分」という存在を思い出します。

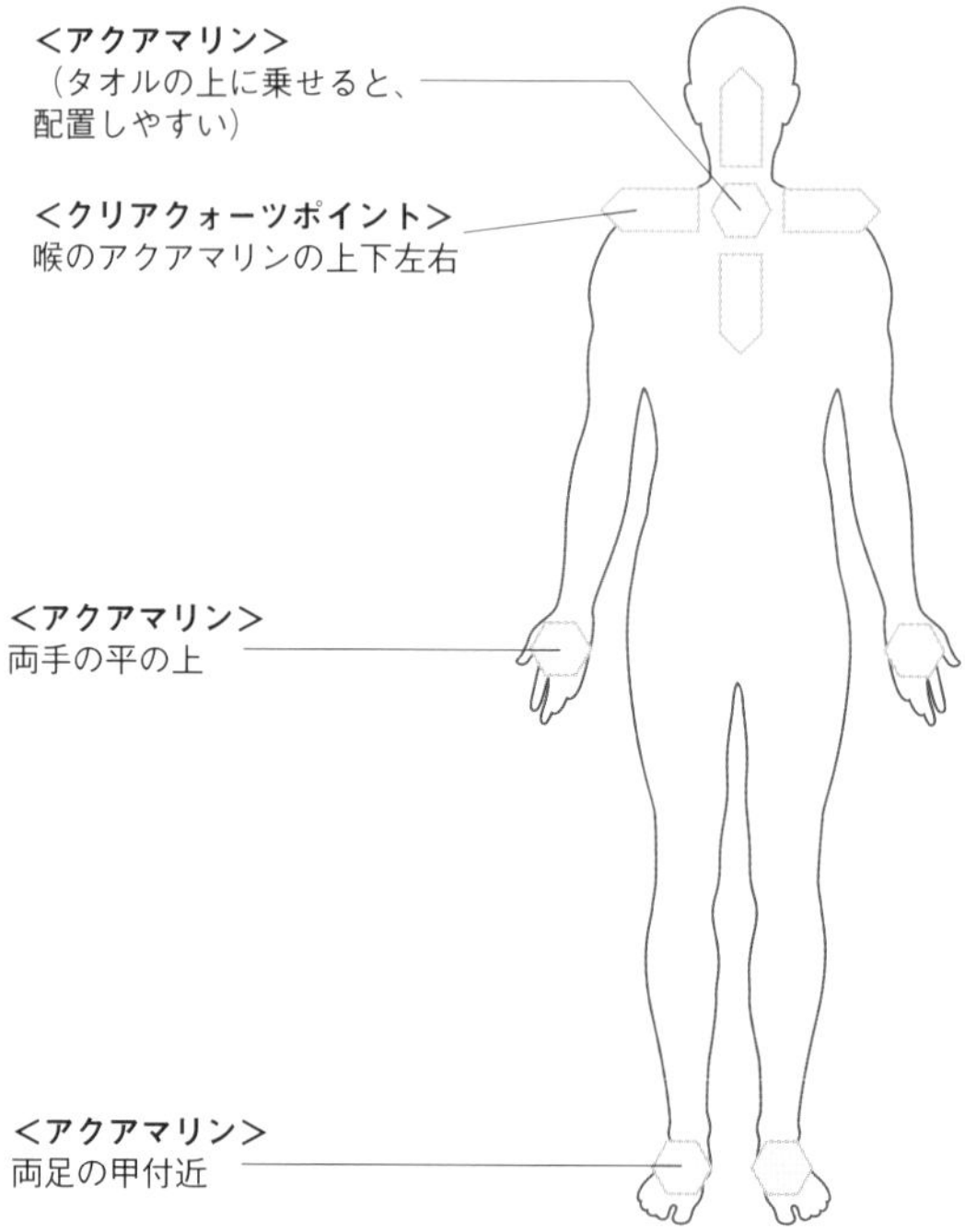

＊使用するクリスタル：アクアマリン5個、クリアクォーツポイント（単結晶）4本

＊方法：仰向けになり、図の位置にクリスタルを配置します。3〜5分経過したらクリスタルを外してください。

クリスタルの使い方の種類

クリスタルを使って自分や他人を整えていく方法には、いくつかの方法があります。その違いを知っておくと、より効果的なワークができるでしょう。

◇持ち歩く

常にクリスタルの波動に触れることで、そのエネルギーを受け取ります。無意識的に影響を受け続けることができ、一番簡単な方法といえます。

◇見る

波動に触れつつ、意識的にそのエネルギーにつながっていきます。

見ることでクリスタルに「意識」（というエネルギー）が注がれ、クリスタルが活性化することで効果が高まります。それにより、クリスタルと自分とのエネルギーの交流が生まれ、より意識的にエネルギーを受け取ることができます。

◇クリスタルワーク

クリスタルの波動と自分の意図・イメージを使い、特定の作用を効果的に得る方法です。

クリスタルと自分の意識による相乗効果により、高い作用を期待できます。

◇クリスタルヒーリング

主に複数のクリスタルを身体の上や外側に配置する、本格的なヒーリング法です。特定の作用、または想像以上の最適な作用を受け取ることを意図し、横になるなどリラックスした状態で行います。

複数のクリスタルの波動・自分の意識・受容態勢による相乗効果により、より広く深い部分にエネルギーが作用し、非常に高い効果が期待できます。

クリスタルヒーリングについて

〈クリスタルヒーリングのメカニズム〉

本格的なクリスタルヒーリングは、立っている状態や、椅子や床に座った状態で行うこともありますが、基本的には横になった状態（仰向けやうつ伏せ）で行います。横になって眠ってしまっても大丈夫です。リラックスすることで、エネルギーがより通りやすく、かつ作用しやすくなります。どんな作用があるのか、ご説明しましょう。

◇共振・共鳴作用

クリスタルは本当にたくさんの種類があり、それぞれが安定した特有のエネルギーを発しています。そして、僕たち人間も、肉体だけでなく、チャクラ・オーラ・経絡などを有するエネルギーの存在です。

安定したエネルギーを持つクリスタルを、人に近づけることで、エネルギー同士の共鳴作用が起き、「自分の中にあるその石のエネルギー（性質・資質）」が引き出され、活性化し、調整されます。

◇エネルギーの方向性

クリスタルの種類にもよりますが、エネルギーを一定の方向に流す性質を持つクリスタルがあります。

たとえば、水晶ポイント（P126イラスト参照）は、根本《ねもと》側から先端側へとエネルギーが流れています。この性質を利用して、水晶の先端を自分の外側に向けて不要なエネルギーを抜いたり、水晶の先端を内側に向けて必要なエネルギーを入れたりすることもできます。また、特定の場所にエネルギーを集めたり、特定の方向にエネルギーを流すこともできます。

◇意図・意志のエネルギー

「何を意図するか」というのは、つまり「クリスタルのエネルギーを何のために使うのか」ということです。

たとえば、全体的に癒すのか、または部分的に作用させたいのか。オーラを浄化したいのか、それともチャクラを活性化させたいのか。今世のトラウマを癒したいのか、過去世の傷を修復したいのか。

そのように意図のエネルギーを使うことで、ただ石を近づけるだけよりも、望む効果を得やすくなります。

〈クリスタルヒーリングのテクニック〉

僕のヒーリングサロンで実際に行っているクリスタルヒーリングのテクニックを、いくつかご紹介します。石を体の周囲に配置して施術するテクニックです。

石を配置する前に、軽く相手（または自分）の肉体の外側に広がっているオーラを、頭から足元にかけて撫でてください。「オーラを撫でる」と意図して、何となくの感覚で大丈夫です。

ヒーリングの施術が終わった時も、クリスタルをすべて外した後、再度同じようにオーラを撫でてください。

<12チャクラ>

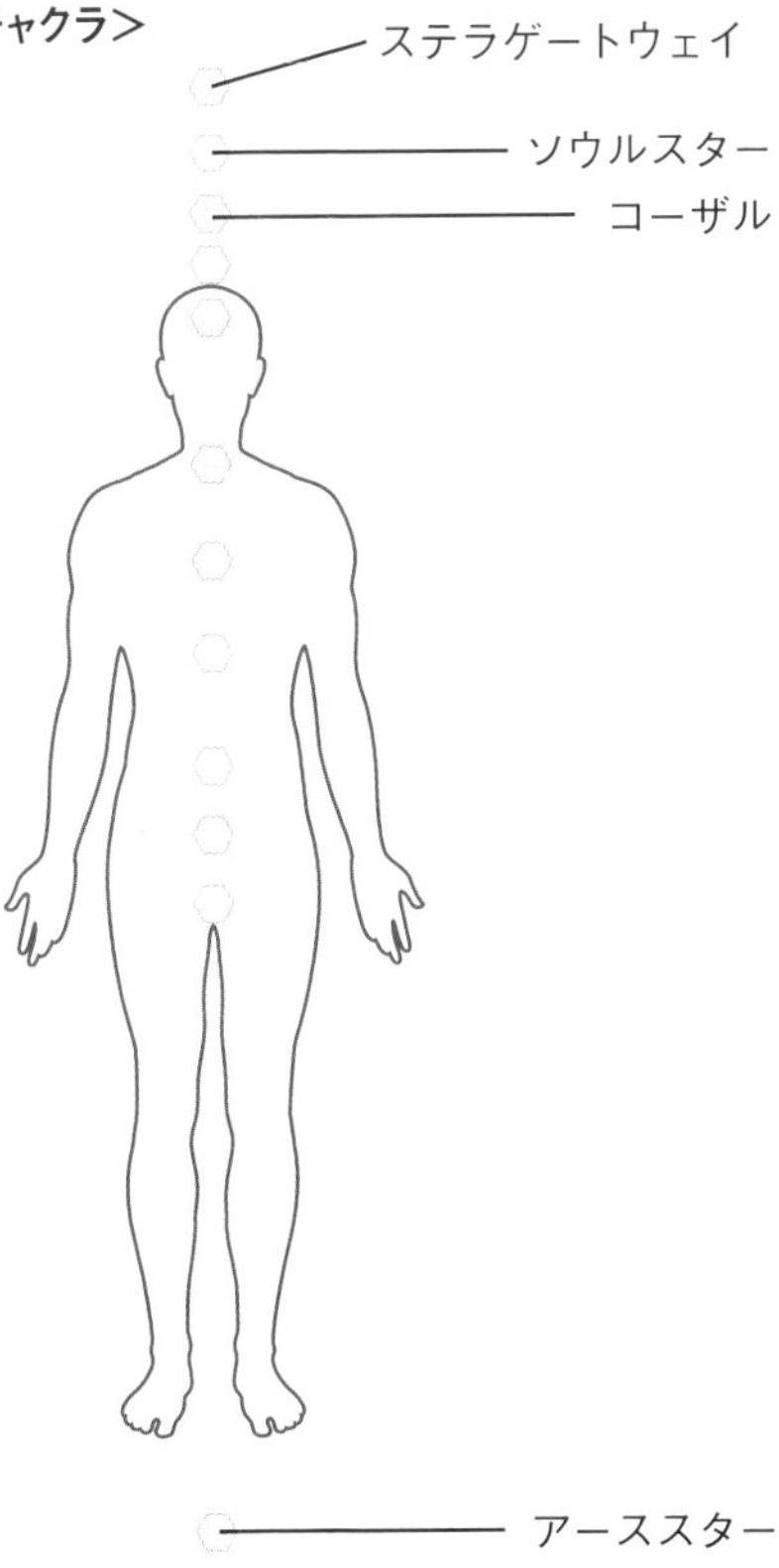

◇12チャクラヒーリング

チャクラは、僕たち人間にとって、とても重要なエネルギーポイントです。7つのチャクラとして古くから扱われてきましたが、今は地球や僕たち人間の進化（アセンション）の流れの中で、チャクラも進化して

チャクラと対応クリスタル一覧表

チャクラ	チャクラに対応する石
ステラゲートウェイ	レインボークォーツ
	ダイヤモンド
ソウルスター	レインボークォーツ
	セレナイト
コーザル（後頭部上）	ピクチャージャスパー
	カイヤナイト
クラウン（頭頂）	フローライト（紫）
	クリアクォーツ
サードアイ（眉間）	タンザナイト
	アズライト
スロート（喉）	ブルーレースアゲート
	サファイア
ハート（胸）	マラカイト
	クンツァイト
ソーラープレクサス（みぞおち）	アンバー（琥珀）
	ゴールデンカルサイト
へそ	オレンジカルサイト
	イエローカルサイト
セイクラル（仙骨）	ミルキークォーツ
	レッドジャスパー
ベース（会陰）	オニキス
	スモーキークォーツ
アーススター（足下）	ブラックトルマリン
	オニキス

います。ですから、僕は12のチャクラ以上を扱うようにしています。

方法は、各チャクラにそれぞれに対応するクリスタルを配置します。下（アーススターチャクラ）から上（ステラゲートチャクラ）に向かって配置してください。すべて配置し終わってから、3～5分経過したら、クリスタルを上から下に向かって外してください。

＊期待される効果＊

最も重要なエネルギーの要所であるチャクラの詰まりが取り除かれると同時に、エネルギーがチャージされ、バランスの調整がされます。繰り返すことで、その人のあらゆる側面が調和を取り戻していくことになります。

◇シュンガイトによるヒーリング

ヒーリングクリスタル解説

◆シュンガイト

ロシアのカレリア地方のみで産出していたクリスタル（近年ブラジルでも採掘）。特徴は、自然界で唯一「フラーレンC60」が含まれていること。フラーレンとは、炭素原子60個からなる五角形と六角形が組み合わさった籠状の分子で、抗酸化作用が非常に高いため化粧品や美容製品にも用いられて

＜オーラクリアリング＞

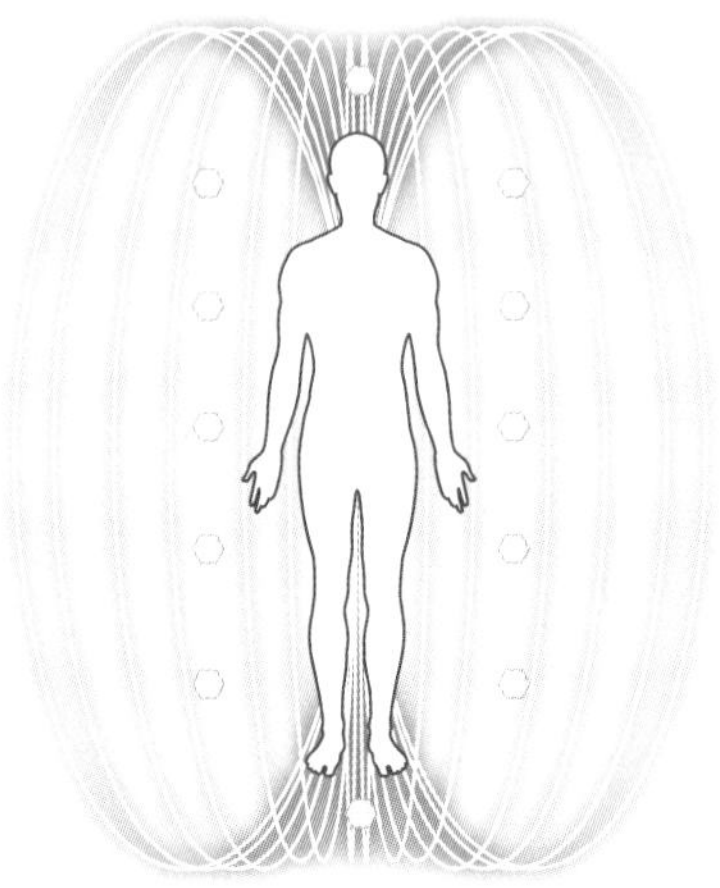

＜チャクラクリアリング＞

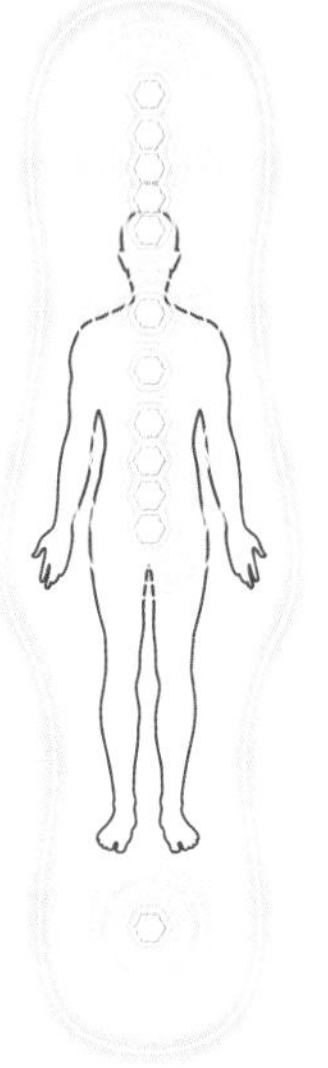

いる。

ネガティブなものを吸着し、ポジティブなものへと変換して排出するという浄化作用が期待できる。

〈シュンガイト・チャクラクリアリング〉

各チャクラに含まれる余計なエネルギー、ブロックを浄化します。

＊シュンガイトを12個使用

＊方法：図のようにシュンガイトを配置し、3～5分経ったらクリスタルを外します。

〈シュンガイト・オーラクリアリング〉

オーラフィールドに含まれる余計なエネルギー、ブロックを浄化します。

＊シュンガイトを12個使用

＊方法：図のようにシュンガイトを配置し、3～5分経ったらクリスタルを外します。

◇ソロモンの紋章～六芒星ヒーリング～

肉体の周りに六芒星を描くようにクリアクォーツのポイント（単結晶）を配置します。最初はすべてのポイント先端を外向きにしてください。3～5分経ったら（または自分の直観やダウジングで）、すべてのポイントを内向きにして再び3～5分待ちます。時間が来たら（または直観やダウジングで確認できたら）、クリスタルをすべて外して終了です。

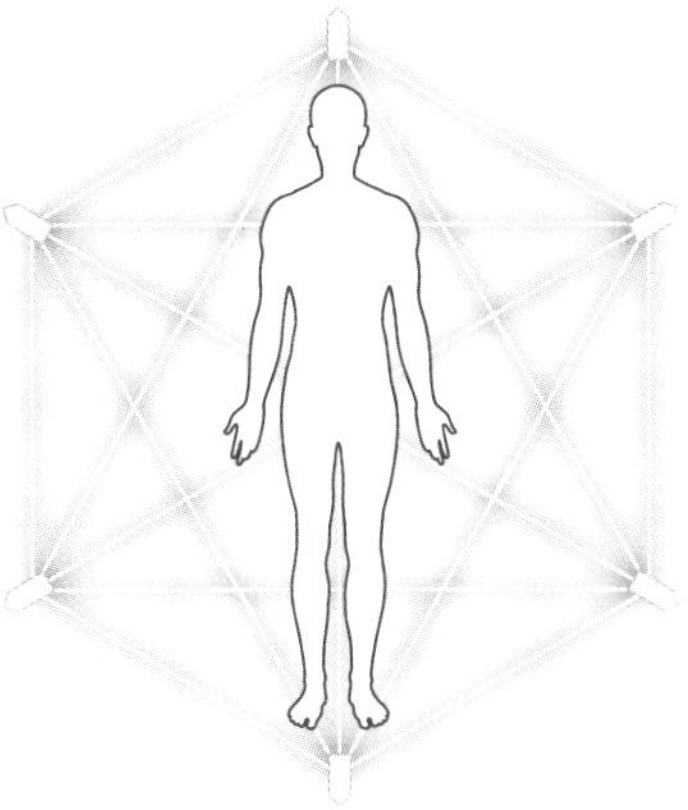

＊期待される効果＊

不要なエネルギーを取り除くと同時に、必要なエネルギーで満たしていきます。それによりエネルギーフィールドをいったん壊して再構築します。バランスを取り戻し、波動を高め、光の保有率を上昇させることができる万能なヒーリングです。

◇グリーントルマリン・ヒーリング

グリーントルマリンは、ハートの癒しと肉体的な癒しに適したクリスタルです。またトルマリンは電気石とも呼ばれ、電気的な影響を取り除くことにも役立ちます。

グリーントルマリンを図の位置に配置します。最初は、先端または尖っている方を上向きにしてください。3～5分経ったら（または自分の直観やダウジングで）、すべて下向きにして再び3～5分待ちます。時間が来たら（または直観やダウジングで確認できたら）、クリスタルをすべて外して終了です。

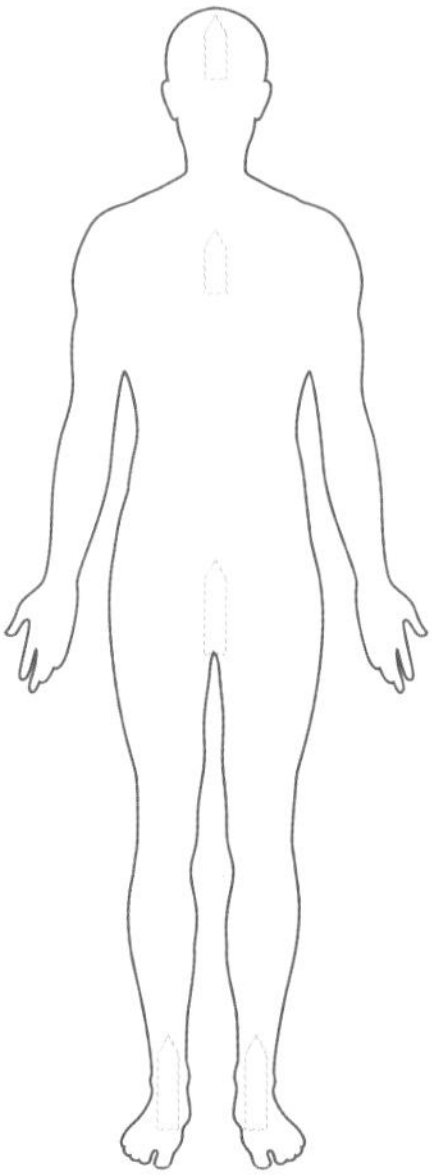

＊期待される効果＊

グリーントルマリンは、電気の通り道である神経回路のクリアリング・ヴァージョンアップに役立ちます。神経とは「神（かみ）の経（みち）」。神経回路をヴァージョンアップするということは、より高い側面（ハイアーセルフ）のガイダンスやエネルギーを肉体に通し、定着することになります。結果的に、電磁波やその他の影響を受けない領域へと肉体の波動を高めることになります。

また、同時にハートの癒しも起こり、癒されたハート（心臓）から全身の細胞へと癒しのエネルギーが供給され始めます。

＊＊＊

ここでご紹介したクリスタルヒーリングは、すべて遠隔でも行うことができるヒーリングです。

その場合は、人体のイラストを描き、それをヒーリングの対象者と見立てて、各ヒーリングの図と同じようにクリスタルを配置してください。

クリスタルの浄化&チャージ方法

クリスタルを持ち歩いたり、クリスタルヒーリングをした後、適度にクリスタルを浄化したりチャージすることは、とても大切です。

【浄化】 クリスタルが受け取った余計なエネルギーを取り除くこと。
【チャージ】 クリスタルが使ったエネルギーを充填し、再び取り戻すこと。

クリスタルの能力を最大限に引き出すには、浄化とチャージ、両方することが一番です。
ここでは【浄化】【チャージ】【浄化とチャージ両方】と分類して、ご紹介していきます。

◆浄化方法◆

◇流水

水にはとてもパワフルな浄化作用があります。特に日本は水が豊富で「水の国」ともいわれますので、水を使った浄化はとても簡単で有効な方法といえます。

［方法］

蛇口から細く水を出し、1分間程度またはもう充分！と感じるまでクリスタルを流水にさらします。水は常に地球を循環しています。その大いなる水の循環の流れの中にクリスタルが入って浄化されていくイメージができると、より浄化力は増すことになります。

もし、自然の気が満ち溢れている山や川のせせらぎが利用できるなら、浄化だけにとどまらず最高の浄化とチャージにもなります。

［注意］

水に弱いクリスタル：アズライト、フローライト、カルサイト、セレナイト、ターコイズ、インカローズ、エンジェライト、セレスタイト、ヘマタイト、パイライト、ギベオン、マラカイト、スギライト、クリソコラなど。

◇塩（海塩・天然塩）

塩は非常に浄化力が強く、日本では盛り塩としても使われているように、ネガティブなエネルギーから保護するものとして、古くから使われてきた結晶です。ネガティブなエネルギーを吸収し、中和する作用があります。

しばらく使っていない石やもらった石、込めた願いをリセットしたい時など、一度エネルギーをまっさらな状態にしたい場合には便利な方法です。ここぞ！という時には適していますが、日常レベルの浄化としては強すぎるので、毎日の浄化としてはあまり適さないでしょう。

［方法］
クリスタルを乾いた塩に埋め、そのまま24時間ほど（場合によっては数日間）置いておきます。布などで注意深く拭いて、塩を落とします。塩に弱いクリスタルもありますので、布や袋に包んで埋めてもよいです。使用したあとの塩は必ず捨ててください。

［注意］
塩水に浸ける浄化方法もありますが、軟らかいクリスタルは傷がついて光沢がなくなります。水晶などの硬いクリスタルでも、小さなひびや割れ目のなかで塩分が再結晶し、亀裂を広げることもありますので、頻度には注意してください。

◇音

ある種の音には、周囲の環境を浄化する効果があります。シンギングボウルやクリスタルボウルは、スティックで叩いたり、縁をこすることで共鳴音（倍音）が出るので、高い浄化力があります。近くで鳴らすことで浄化することができるので、たくさんのクリスタルをまとめて浄化するのにとても便利です。そのほか、倍音を奏でる楽器には、チベッタンベル、ティンシャ、鐘、太鼓などがあります。

［方法］
クリアになった感じがするまで石の近くで鳴らしてください。

［注意］
音は、波動を増幅して拡散する作用がありますので、鳴らす人の状態や意図がとても大切です。自分自身が安定した状態で行うようにしましょう。第3章と第4章でお伝えしたグラウンディングとセンタリングを行った状態で浄化すると、大変有効です。

◇浄化スプレー

フラワーエッセンス（植物の波動・エネルギーを水に転写したもの）やジェムエッセンス（クリスタルの波動を水に転写したもの）をベースに作られています。出先で水や音が使えない場合や、手早く浄化を行いたいときに、スプレーするだけで手軽にクリスタルを浄化することができます。

［方法］

クリスタルに浄化スプレーを振りかけて浄化します。

◇煙（セージ、香など）

お香や線香、ハーブなどを焚き、煙で浄化する方法です。香り高い煙がクリスタルの浄化を助けます。フランキンセンス（乳香）、サンダルウッド（白檀）、セージ、シダーなどのハーブは、浄化の儀式で使われてきた長い歴史があります。

特にホワイトセージは、ネイティブ・アメリカンの限られたシャーマンのみが儀式に使ってきたハーブの一種で、あらゆるものに対して強力な浄化力を持ちます。

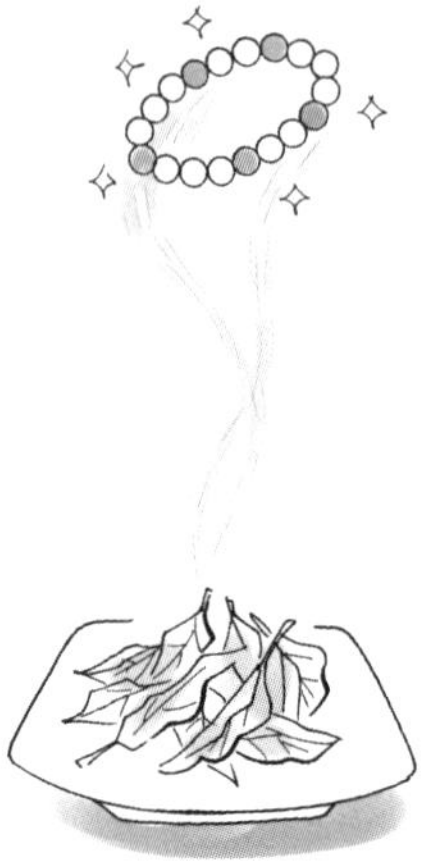

［方法］

煙がクリスタルを通り抜けることで、浄化されてクリスタルがきれいになっていく様子や、不要なエネルギーが煙とともに上に抜けていく様子をイメージしてください。数十秒～1分程度を目安に、自分の感覚でしっくりくるまで続けてください。ザルなどに入れてまとめて浄化することもできます。

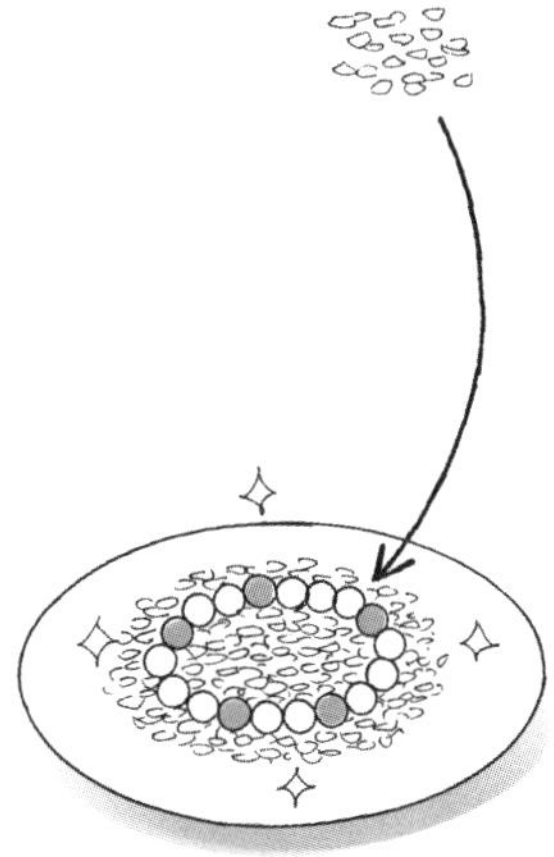

◇さざれ石

細かいチップ状のクリスタルを「さざれ石」と呼びます。その上にクリスタルを乗せることで浄化になるのですが、さざれ石にはあまり自浄作用がないので、さざれ石自体も浄化する必要があります。

いろいろな種類のさざれ石があり、見た目がとてもきれいなのが特徴です。

［方法］

お皿やトレーにさざれ石を敷き、その上に浄化したいクリスタルを置いておきます。

◆チャージ方法◆

◇太陽光

屋外もしくは窓際やテラスなど、太陽の光が当たるところに置いておきます。午前中の日光は特にチャージに適しています。太陽光に当てる時間は、1〜2時間を目安にしましょう。

太陽光は浄化にもなりますが、どちらかというとチャージの性質が強いです。

［注意］

太陽光に弱いクリスタル：オパール、アメジスト、フローライト、ターコイズ、クンツァイトなど。色付きのクリスタルは、熱や紫外線などの影響により退色、変色する可能性があるため注意が必要です。また、アンバー（琥珀）、オパール、ターコイズは、乾燥に弱い石でもあります。太陽でのチャージの際には注意してください。

◇音叉（チューナー）

音叉はさまざまな周波数の物がありますが、ここでは528Hz（ヘルツ）の音叉が適しています。専用のマレット（スティック）などで打つことで発生する振動を、クリスタルに浴びせるように音叉を近づけてください。チャージが進むことで自浄作用が復活し、浄化にもつながります。

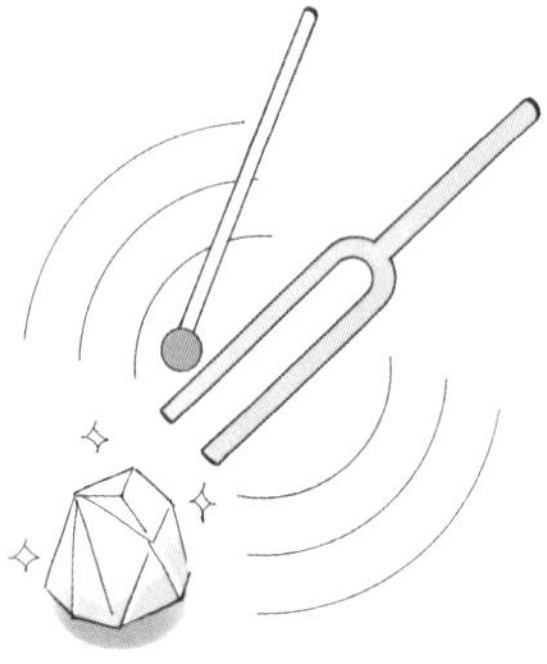

［注意］

音叉と水晶を打ち付けて使用すると、音叉は凹み、水晶は欠けてしまうことがあります。専用のマレットを使用してください。

◆浄化・チャージ両方◆

◇水晶クラスター

クラスターとは、鉱床から鉱物が群生しているかたまりのことを指します。水晶のクラスターは、六角柱の1本1本の先からエネルギーが放出され、それらが反射し重なり合って強いパワーを持ちます。

水晶クラスターは浄化とエネルギーチャージの両方に適しており、すべての石に対して使えるので便利です。中でも母岩付きのクラスターは、石自体がしっかりとグラウンディングしている状態なので、浄化とチャージの能力が特段強いのでおすすめです。

また、アメジストも大変浄化力の高いクリスタルであり、アメジストクラスターは疲れた石の緊急ベッドの役割をしてくれます。他の石を再生させる力を持っているクリスタルです。

クラスターは自浄作用があるため基本的に浄化は不要ですが、たまに水洗いしてから太陽光で乾かしたり、月光に当てるなどして、必要に応じて浄化やチャージを行いましょう。

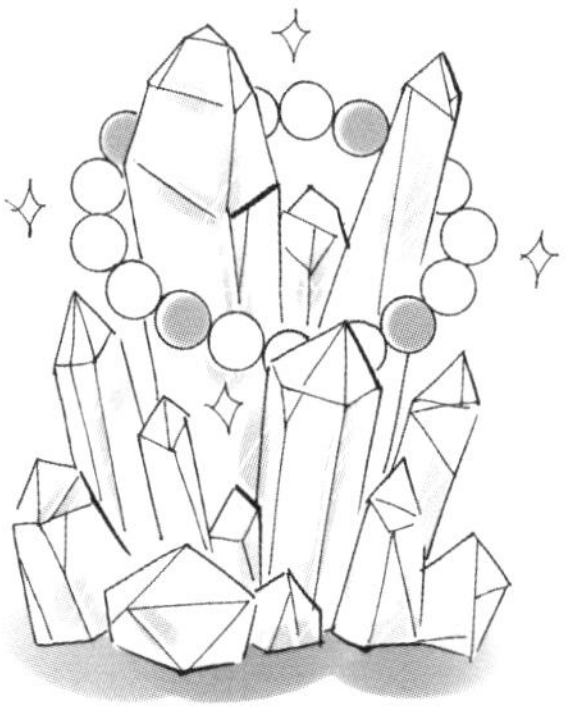

［注意］ 硬度について

石の硬度は「モース硬度」という国際基準で表します。水晶

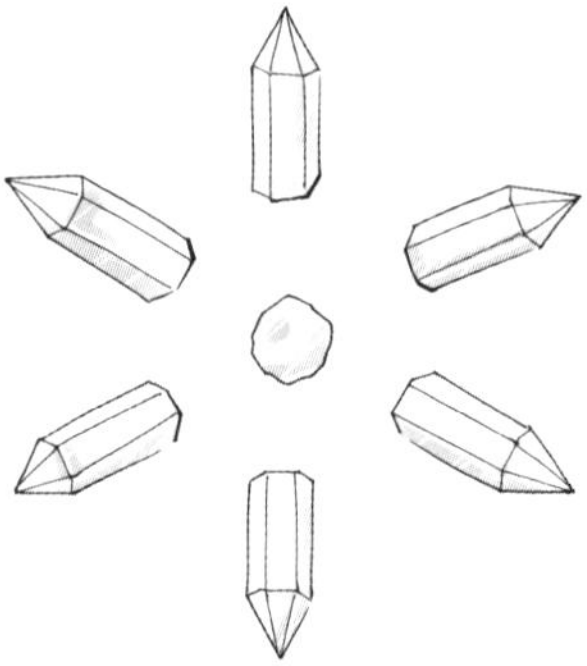

参考　モース硬度（ひっかき傷に対する強さ）

硬度10	ダイヤモンド
硬度9	サファイア
硬度8	トパーズ、フェナカイト
硬度7	水晶
硬度6	永久歯のエナメル質
硬度5.5	カッターナイフ
硬度4	フローライト
硬度3	カルサイト
硬度2.5	人間の爪
硬度2	セレナイト

（Wikipediaより）

はモース硬度7ですので、硬度が6以下のクリスタルや金具は、水晶クラスターで細かい傷がつく可能性があります。布などを敷いてから置くなど、取り扱いに注意しましょう。

◇水晶ポイント（単結晶）

水晶ポイントとは、水晶クラスターから1本を切り離し、単一の結晶となった水晶のことです。または、先端が尖るように六角柱に加工が施された水晶ポイントもあります。

水晶ポイントと意図を使うと、浄化とチャージ、どちらも行うことができます。

クリスタルの周囲に先端を外向きにしたクリアクォーツポイントを数本配置し、「不要なエネルギーを抜く」と意図して数時間そのままにすると**浄化**になります。

逆に、クリアクォーツポイント先端の向きを内向きにし、「必要なエネルギーをチャージする」と意図して数時間そのままにすると**チャージ**になります。

◇月光

すべてのクリスタルに使える方法です。月のパワーに関連するクリスタル（女性性、宇宙に関連する石など）には、特に相性が良いといわれます。

また、満月の光は強力な浄化とチャージになります。

［方法］

室外や窓辺にクリスタルを置き、月の光にさらします。雲で月がさえぎられていても、新月であっても、月のエネルギーは降り注いでいるので問題ありません。

◇土の中に埋める

クリスタルを土の中に埋めて、浄化とチャージを行う方法です。植木の脇に置いておいたり、木のチップの中に埋めるのも有効です。

◇ビジュアライゼーション

イメージを使って浄化やチャージをする方法です。他の浄化法が使えないときに便利です。さまざまな方法がありますので、自分に合ったものを選んでください。また、自分なりの方法を作り出すのもよいでしょう。

［方法］

●宇宙から降りてきた純粋な光を頭頂から取り入れ、その光が腕を通って手に持っているクリスタルに注がれます。その光によりクリスタルが浄化され、光で満たされ、発光するまでイメージしてください。

●風がクリスタルに吹き込まれ、不要なエネルギーを吹き飛ばす様子や、滝のように降り注ぐ水がクリスタルを通り抜ける様子、クリスタルに含まれるあらゆる不純物を炎が焼き尽くす様子などをイメージします。

●クリスタルを動物に置き換えて、体をふるわせ毛皮についた水を振り落とす様子をイメージします。

●深く息を吸ってからいったん呼吸を止め、クリスタルに強く息を吹きかけます。このとき、ネガティブなものがすべてクリスタルから取り除かれる様子をイメージします。浄化されたと感じるまで何度吹きかけてもＯＫです。

エピローグ

最後までお読みいただき、ありがとうございました。

本書を通じて何度もお伝えしてきましたが、僕が思う「クリスタルのように生きる」とは、ありのままの自分で、裏表なく、お互いの個性を尊重し、本当の自分の表現をしながら、いつも軽やかに、自分の可能性に向かって輝きながら楽しく生きる、ということです。

この生き方が優れているとか、良い生き方だと言っているわけではありません。もしそのような生き方をしたいのであれば、今まで（地の時代）はできなかったかもしれないけれど、今（風の時代）はできますよ、ということをお伝えしたいのです。

僕自身がさまざまな経験を通して、このクリスタルのような生き方へと変わっていった時、あらゆる面でとっても幸せになっていったんです。

当時は、自分がこんなに楽しく日々を暮らせるとは思いもしませんでした。「楽しく暮らしたいけど、できないんじゃないか？」と、深い部分で思っていました。それでもいろいろ体験する中で、本書でお伝えした5つのポイントを日々意識しながら過ごしていたら、気づけばすごく幸せに日々を送ることができていたのです。

だから誰もが、今までどんな状況でも、自分が望み、決めさえすれば、クリスタルのように自由に生きることができるということを知りました。これは**〝仕組み〟**なのです。

そしてそれほど僕たち人間は、本来、**自由で軽やかでパワフルな存在**ということです。これを思い出しさえすれば、もう何も恐れることはありません。パワフルな自分を脅かすものなど、何も存在しなかったことに気づくからです。

もし、自分がパワフルな存在だとは思えないのだとすれば、あなたの本質ではない周波数が浮き彫りになっているだけです。その周波数を手放すことで、パワフルな自分に気づいていくことになるでしょう。

もっと自分の可能性を発揮してクリスタルのように輝きながら楽しく生きていきたいと思ったのであれば、ぜひ本書をご活用ください。そのために書きましたから、必ず役に立つことでしょう。

本書ではクリスタルを用いたワークやヒーリングを数々ご紹介していますが、**クリスタルがなかったとしてもクリスタルのように生きることができます**。僕はクリスタルが大好きですし、その有効性を何年も研究・確認してきたのでクリスタルを用いていますが、なくてもいいんです。

もし興味があれば、ぜひクリスタルも活用してください。きっと、あなたの強力なサポーターとなってくれるでしょう最後に一つだけ、お伝えさせてください。

決して希望を失わないでください。５つのポイントを押さえながら積極的に生きていくと、その過程で、非常に大きく非常に重たい周波数が現れることがあります。

それは、自分の中にあったものが浮き彫りになっただけ。だから、手放すだけでよいのです。その周波数に呑《の》まれないでください。

そして、手放した先にある、あなたの**希望や可能性に目を向けてください**。その希望や可能性が、あなたを本当の道へと常に導いてくれます。

もし今、不満がある、または「もっとこうしていきたいなぁ」と望むものがあるのならば、それはあなたの可能性。もっと良くなる、より幸せになるあなたの可能性が、今、見えているということです。

あなたが自分の可能性を見ることをやめなければ、あなたの無限の可能性は、どんどん扉を開いていくことになります。


それでも希望や可能性が見えなくなりそうになったら、**アイリスクォーツ（虹入りクリスタル）を眺めてください**。

石が成長する過程で自然に入った亀裂や隙間により、内側に虹の美しい色合いが見えるクリスタルです。このクリスタルは、虹のエネルギーを保ったクリスタル。空に架かる虹を見た時に、希望が湧いてきたり、ワクワクしたり、意識がワーっと開いたり……という経験は誰しもあるでしょう。

虹はエネルギーのバランスを整え、意識を引き上げ、希望や可能性へと目を向けさせてくれる性質を持っているからです。

空の虹はタイミングが合わなければ見ることはできませんが、アイリスクォーツの虹はいつでも見ることができます。

つまり、常に希望や可能性のエネルギーを持ち歩くことができるということ。これは地の時代から風の時代へと大きな変化を迎えている今、クリスタルのように生きていきたい人たちにとって、非常に役立つ自然界からの贈り物に他ならないと僕は思っています。

希望や可能性を失わなければ、あなたの人生はどんどん光に満ちたものへとなっていくでしょう

あなたが光り輝けば、世界に光を届けることになる、ということをどうか忘れないでください。堂々と自分の個性を発揮し、光り輝いてください。

あなたもこの時代にこの世界で結晶化した、美しいクリスタルなのですから。

森田真文

読者限定特典!!

遠隔クリスタルヒーリングを
動画配信！

本書でご紹介している「クリスタルヒーリング」を、森田真文さんが直接、遠隔ヒーリングで特別にお届けいたします。下記 QR コードを読み取り、専用サイトにて動画をお楽しみください。

内容

遠隔クリスタルヒーリングとは？
クリスタルヒーリングを体感しよう

「クリスタルとの協働作業である『クリスタルヒーリング』をより簡単に実践するための『遠隔ヒーリング』。そのコツと僕の『遠隔ヒーリング』を、動画を通してお送りいたしますので、ぜひ本来の高い波動を保ったあなたへと戻るサポートとしてご活用ください💎」（森田さん）

森田真文（もりたまふみ）

一般社団法人クリスタメンタルワーカージャパン代表理事
ヒーリングサロン&クリスタルショップ～エルフェイムelfhame～オーナー

妖精由来の魂を持ち、今世は幼少より自然界に親しむ。自然環境の問題に興味を持ち、大学・大学院と地球環境へ役立つ研究を行う。環境保全の方法として、科学的技術を用いた物理的アプローチを考えていたが、そもそも環境破壊の原因は、それを扱う人の心にあると考えるようになる。技術者として企業で働く一方、クリスタル、植物など自然界の物質・エネルギーについて学び、クリスタルヒーラー&ティーチャーとして独立。
現在はクリスタルヒーラーの養成を通じ、自然界や精霊たちと交流・調和すること、自分自身を大切にすることの重要性を伝えている。東京の高円寺にてクリスタルショップを持ち、クリスタルを使ったワークショップを全国各地で年間50回以上開催。

一般社団法人クリスタメンタルワーカージャパン
HP　https://crystamental.com/
BLOG https://ameblo.jp/crystamental1114
facebook　https://www.facebook.com/CrystamentalWorkerJapan

ヒーリングサロン&クリスタルショップ～エルフェイムelfhame～
HP　https://www.elfhame-crystal.com/
BLOG　https://ameblo.jp/elfhame-shop/
Instagram　https://www.instagram.com/crystalshop_elfhame/

YouTube『森田真文のクリスタルチャンネル☆』
https://www.youtube.com/channel/UCN3Ue4gxKWcyEjfpG72tFBw

理系男子の人生を180度変えた

クリスタルの魔法

2021年8月8日　第一版　第一刷

著者　森田真文

発行人　西 宏祐
発行所　株式会社ビオ・マガジン
〒141-0031　東京都品川区西五反田8-11-21
五反田TRビル1F
TEL:03-5436-9204　FAX:03-5436-9209
http://biomagazine.co.jp/

企画　中田真理亜(アネモネ編集長)
編集　澤田美希(anela naia)
デザイン　堀江侑司
DTP　大内かなえ
イラスト　ツグヲ・ホン多、N・A・O(P54)
〈著者写真〉
撮影　山口直也(スタジオ☆ディーバ)
ヘアメイク　輿石公美(スタジオ☆ディーバ)

印刷・製本　株式会社シナノパブリッシングプレス

ISBN9784-86588-000-7　C0011

anemone WEBコンテンツ

続々更新中!!

http:/biomagazine.co.jp/info/

アネモネ通販

アネモネならではのアイテムが満載。

アネモネイベント

アネモネ主催の個人セッションや
ワークショップ、講演会の最新情報を掲載。

アネモネ通販メールマガジン

通販情報をいち早くお届け。メール会員限定の特典も。

アネモネイベントメールマガジン

イベント情報をいち早くお届け。メール会員限定の特典も。

アネモネTV

誌面に登場したティーチャーたちの
インタビューを、動画(YouTube)で配信中。

アネモネフェイスブック

アネモネの最新情報をお届け。